SVLTO

Der ausgewiesene Gartenkenner Hans von Trotha unternimmt eine Tour durch die wichtigsten Gärten in und um Paris und erzählt von ihrer Entstehung und ihrem manchmal wechselvollen Werdegang. Er philosophiert über gesellschaftliche Hintergründe und zeigt, dass Gärten nicht nur den Geschmack ihrer Erbauer und die Moden verschiedener Zeiten spiegeln, sondern immer auch Ausdruck von Herrschaftsformen sind. Und er spürt erstaunliche kunsthistorische Zusammenhänge auf.

Am Ende, stellt er fest, ziehen die Franzosen doch den sogenannten »Französischen Garten« vor, den Garten der Geometrie, des Barock, den Le Notre erfand und zur Vollendung brachte.

Hans von Trotha

Der französische Garten

Rund um Paris

Verlag Klaus Wagenbach Berlin

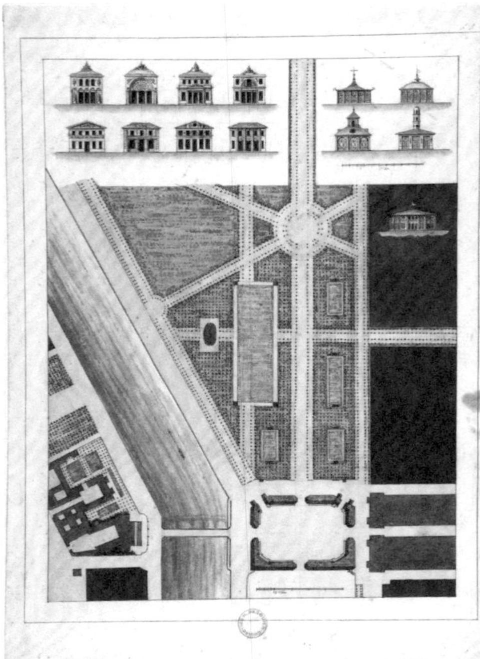

Gabriel Thouin, Öffentlicher Garten,
Champs-Élysées, Zeichnung o. J.

Inhalt

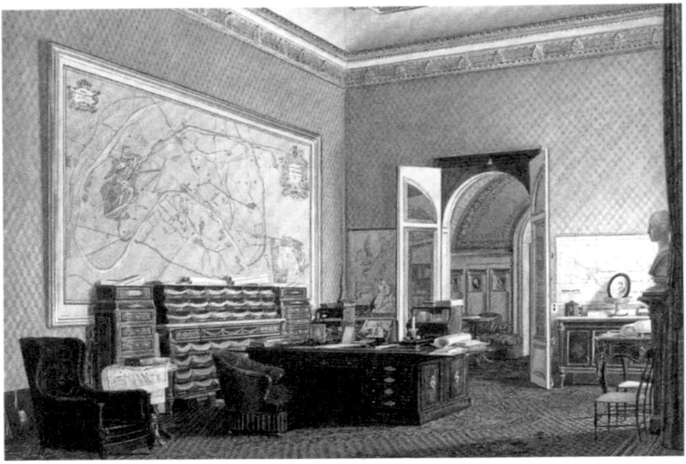

Jean-Baptiste Foruné de Fournier,
Arbeitszimmer Kaiser Napoleons III.
mit dem Plan von Paris im Hintergrund

Français? Anglais? Anglo-Chinois?

Verwirrende Botschaften aus französischen Gärten

Am 10. Fructidor des Jahres VIII unternimmt Madame Bonaparte gemeinsam mit ihrem Gatten einen Ausflug, in dessen Verlauf einige denkwürdige Sätze fallen werden. Davon später mehr. Ziel der Landpartie ist Ermenonville, der Landsitz des Marquis de Girardin. Der hatte seinen Park, inspiriert durch die Schriften Jean-Jacques Rousseaus, als unregelmäßige Landschaft gestaltet, ihm also kunstvoll den Anschein von Natürlichkeit verliehen, statt Figuren der Geometrie anzuwenden, wie seit Jahrhunderten in Gärten üblich. Während Monsieur eher an den philosophischen Hintergründen interessiert sein wird, hat Madame vor allem die Gestaltung selbst im Blick.

Derselbe Sachverhalt ließe sich auch so erzählen:

Am 28. August 1800 fuhr Napoleon Bonaparte, noch nicht Kaiser, aber schon Erster Konsul der Franzosen, zusammen mit seiner Frau Joséphine über Land von Malmaison in das knapp 60 Kilometer entfernte Ermenonville. Gut möglich, dass Joséphine als Anhängerin eines Gartenstils, der in den vorangegangen drei Jahrzehnten von England aus auf den Kontinent übergegriffen hatte, ihren Mann mit dem Besuch der künstlichen Landschaft von der Schönheit und Originalität dieser Art der Naturinszenierung überzeugen wollte. Schließlich sind Gärten Orte, die unmittelbar auf die Sinne wirken. Bevor wir nachdenken, haben sie schon eine unwillkürliche Reaktion provoziert, wie es zum Beispiel – wir sind in Frankreich – bei einem besonders intensiven Geschmackserlebnis der Fall ist. Gärten überzeugen weniger durch ihre Darstellung im Plan oder auf einem Bild oder durch eine philosophische Erläuterung als durch den Eindruck, den sie auf uns machen, durch Wirkungen auf die Sinne, durch ihre Ausstrahlung im Gelände.

In Malmaison gab es eheliche Meinungsverschiedenheiten über die Gestaltung der Außenanlagen. Das Anwesen war auf Joséphines Wunsch hin akquiriert worden. »Ich überlasse es dir, weil ich weiß, dass es dich glücklich macht«, hatte Napoleon zu seiner Frau gesagt, um mit Blick auf den Garten hinzuzufügen: »Aber jetzt, da es gekauft ist, lass es nicht abreißen, um stattdessen ein paar Felsen aufzustellen.«

Wahrscheinlich kannte Napoleon die Anekdote, nach der der Maler Claude-Joseph Vernet angesichts der von seinem Kollegen Hubert Robert gestalteten künstlichen Felsen in einem der Boskette im Park von Versailles ausgerufen haben soll: »Wenn Ludwig XIV. das hier gefunden hätte, was hätte er für ein Geld ausgegeben, um es fortzuschaffen!«

Das geometrische *französische* und das die Unregelmäßigkeit feiernde *englische* Modell der Gartengestaltung repräsentieren beide, jedes auf seine Weise, das zerrissene 18. Jahrhundert. In keinem Land sind sie so kompetitiv aufeinandergestoßen wie in Frankreich. Die europäische Gartenkunst der Neuzeit hatte sich während der Renaissance zunächst in Italien herausgebildet und von dort aus über ganz Europa verbreitet. Seit einer Art Neuerfindung in Frankreich in der zweiten Hälfte des 17. Jahrhunderts galt der Kunstgarten als französische Kulturleistung schlechthin (die Küche kam erst nach der Revolution dazu, als zahllose Spitzenköchinnen und -köche aus den aufgelösten adeligen Haushalten mehr oder weniger öffentlich zu kochen begannen). Den Status als prägende Gartennation ausgerechnet an

Großbritannien zu verlieren, wurde in Frankreich als Demütigung empfunden. Entsprechend fand der genealogische Mythos, der nicht-formale Landschaftsgarten stamme gar nicht aus England, sondern aus China, vor allem in französischen Kreisen Gehör. Das lässt sich als eine Art Abwehrstrategie in einem Kulturkampf interpretieren, der sich hinter französischen Hecken, zunehmend auch jenseits von unsichtbaren Grenzgräben, vor allem aber in einer aufblühenden Gartenpublizistik abspielte.

Wenn im Folgenden vom *Garten* die Rede ist, dann als Kunstwerk und als Medium, in dem eine Gesellschaft ihr Verhältnis zur Natur formuliert. Gemeint sind also weniger Nutz- oder Bauerngärten, obwohl viele von ihnen den sich ändernden ästhetischen Gesetzmäßigkeiten gefolgt sind, um die es gehen wird. Mit dem Begriff *Park* ist dagegen jeweils eine konkrete Anlage gemeint, eine Manifestation der Gartenkunst an einem bestimmten Ort. Beide Begriffe haben denselben etymologischen Hintergrund. Sie verweisen auf das, was alle Gärten aller Zeiten und Kulturen gemeinsam haben: die Grenze zu ihrer Umgebung. Garten geht auf das indogermanische *gher* oder *ghortos* zurück, das einen abgrenzenden Zaun bezeichnet, Park (wie auch Paradies) auf ein altpersisches Wort für ein eingehegtes königliches Jagdgelände.

In einer populären Gartengeschichtsschreibung hat sich die griffige Erzählung etabliert, der Französische Garten repräsentiere mit seiner zentralistisch ausgerichteten Geometrie eine Unterjochung von Natur und Mensch, während der Englische Garten mit seinen gewundenen Wegen und für sich stehenden Bäumen eine Verbeugung vor der natürlichen Freiheit aller sei. Dabei handelt es sich um eine nachträgliche Interpretation, eine politische Aufladung von Entwürfen, die ursprünglich philosophisch und ästhetisch begründet wurden. Politische Systeme sind niemals stark genug, die Haltung der Künste zur Natur, überhaupt zur Welt zu formen (es sei denn, sie fordern es brachial ein). Sehr wohl aber sind sie imstande, erfolgreiche neue künstlerische Medien zu überformen, sie propagandistisch zu nutzen und für ihre Zwecke zu instrumentalisieren. Das ist dem Garten im 17. und 18. Jahrhundert widerfahren. Dass der Garten derart ernst genommen wurde, ist ein Hinweis auf seine gesellschaftliche Bedeutung. Schließlich kommt im Garten das Verhältnis einer Zeit zur Natur zum Ausdruck, ein Verhältnis, das alle Belange des menschlichen Lebens prägt. Dessen war man sich im 16., 17. und 18., auch noch im 19. Jahrhundert bewusst. Im Verlauf des 20. Jahrhunderts ist dieses Bewusstsein weitgehend abhandengekommen. An dessen Ende, vollends nach der Jahrtausendwende, ist es zurückgekehrt, allerdings in eine Welt, in der sich Status und Bedeutung dessen, was wir *die Natur* nennen, dramatisch verändert haben. War Natur früher einmal eine Kraft, vor der der Mensch (nicht zuletzt im Garten) Schutz suchte, so wurde sie im Lauf der Jahrhunderte von einem zu erobernden zu einem gestalteten, zum ausgebeuteten und am Ende zum dringend schutzbedürftigen Raum. Am Ende dieser kleinen Geschichte der Gartenkunst in Frankreich wird sich die Frage stellen, was ein Garten als Kunst heute überhaupt noch sein kann, was er angesichts einer in ihrer schieren Existenz bedrohten Natur noch darf, wie viel Spielraum für Ästhetik und Gestaltung jenseits von Maßnahmen zum Schutz der Natur noch bleibt.

Zum führenden Gartenland Europas wurde Frankreich im Barock. Der Barockgarten *à la français* ist zunächst nicht in königlichem Auftrag modelliert worden. Er ging in Vaux-le-Vicomte aus der ehrgeizigen Selbstinszenierung eines Ministers hervor und wurde dann in zweiter Generation in Versailles zum Modell des gesellschaftlichen Absolutismus umgewidmet. Das Modell wurde in ganz Europa kopiert, das ästhetische wie das politische. Die ersten nicht-geometrischen *Landschaftsgärten* in England waren Feldversuche von Schriftstellern und Philosophen auf dem tastenden Weg zu einem neuen Verhältnis zwischen Mensch und Natur. Wie zuvor der Barockpark erwies sich dieses neue Modell schnell als schlagender Ausdruck dessen, was man den Puls der Zeit nennen könnte. Und so bot sich auch dieser neue Garten an, mit politischen Botschaften aufgeladen zu werden. Diese ergaben sich in Großbritannien aus dem Widerstand gegen die eigenen Hannoveraner Könige und ihre Regierungen, aber auch aus der Dauerrivalität mit Frankreich. Letzteres zeige sich in seinen Gärten so herrisch, zentralistisch und rückständig wie in seinem politischen System, so das Narrativ.

Der Vorwurf lautet bis heute, Französische Gärten seien unnatürlich und gekünstelt. Sieht man genauer hin, zeigt sich allerdings, dass diese Parks vor allem Grün und Wasser kultivierten, während die inszenierten britischen Landschaften mit Gebäuden und Architekturattrappen zugestellt waren. Die um diese Staffagebauten angelegten Kunstlandschaften wurden bald als Emblem des Aufbruchs in die Aufklärung und in eine moderne Gesellschaft der bürgerlichen Freiheiten gefeiert. Dabei waren es fast ausschließlich reiche Adelige, die sich dieses Gartenmodell leisten konnten und sich zudem für dessen Kultivierung viel Land aneigneten, das sie dann nach ihren ästhetischen Ideen umpflügten. Basis und Botschaft eines Gartens sind bisweilen widersprüchlich.

Aus französischer Sicht ist es nachvollziehbar, dass man die Urheberschaft der grundlegenden Erneuerung einer Kunstform, die bis dahin klar der Grande Nation zugeordnet war, ungern dem Erzrivalen jenseits des Kanals zuerkennen wollte. Eine Verlagerung des Ursprungs der Idee nach China ließ sich relativ einfach behaupten. Das Land war so weit weg, dass sich Details kaum überprüfen ließen. Immerhin wusste man aus Reiseberichten, dass chinesische Gärten nicht geometrisch gestaltet zu sein schienen. Außerdem war Chinoiserie in der Architektur, vor allem bei der Innenausstattung, aber auch im Garten zur Zeit des Barock und danach in Wellen immer wieder *en vogue*. Französische Aufklärer wie Voltaire erkannten in dem großen alten Reich am anderen Ende der Welt ein ideales Gesellschaftsmodell, weil es ohne Adel und ohne monotheistische Religion auszukommen schien. Einzelheiten über die tatsächlich dort herrschenden Lebensverhältnisse waren in Europa kaum bekannt.

Schon 1750 bemerkte der englische Schriftsteller Horace Walpole: »Die Franzosen haben neuerdings unseren Stil in Gärten angenommen, aber da sie lieber entfernteren Nebenbuhlern verpflichtet sein wollen, so leugnen sie uns das halbe Verdienst oder vielmehr die Originalität der Verbindung ab, indem sie die Entdeckung den Chinesen zuschreiben und unseren Geschmack in der Gartenkunst *le Gout Anglo-Chinois* nennen.« Um keine Missverständnisse aufkommen zu lassen, setzt Walpole hinzu: »Ich glaube ..., dass dies ein Irrtum ist.« Bei genauerer Prüfung der Quellenlage dürfte Walpole mit seiner Vermutung richtig gelegen haben. Die Behauptung, neben architektonischen und dekorativen Details sei die Neuausrichtung des Mediums Garten aus China nach Europa gekommen, hält einer wissenschaftlichen Überprüfung nicht stand. Zwar gab es in China immer schon nicht-formale Gartenanlagen, wenn man so will also: Landschaftsgärten. In Europa wurden sie im Detail allerdings erst bekannt, als das Konzept des Englischen Gartens längst formuliert und erprobt war. Von den vielfältigen philosophischen und weltanschaulichen Hintergründen, für die der europäische Landschaftsgarten als Englischer

Garten nachweislich steht, war in China damals nicht die Rede. Tatsächlich finden sich immer wieder chinesische Gebäude in Englischen Gärten, sei es in England selbst, in Deutschland oder eben in Frankreich. Sie stehen aber immer gleichberechtigt oder nachgeordnet neben Repräsentanten anderer Kulturen, vor allem der Antike und des europäischen Mittelalters, sind also kein Ausweis einer genealogischen Herkunft. Die literarischen Quellen schließlich, auf die immer wieder verwiesen wird, wenn es darum geht, den chinesischen Ursprung des Landschaftsgartens zu belegen, sind fast alle einem breiteren Publikum erst bekannt geworden, als der Landschaftsgarten in Europa als Englischer Garten bereits seinen Siegeszug angetreten hatte. Nur in Frankreich tat er dies zeitweise unter dem Label *jardin anglo-chinois*.

Die jeweilige Façon, Gärten zu gestalten, ist immer mehr gewesen als bloße Mode. Natürlich handelt es sich bei jedem Garten zunächst einmal um den individuellen Entwurf von Einzelnen. In der ordnenden Übersicht des historischen Rückblicks erweisen sich diese vielen konkreten Manifestationen der Kunstform Garten vor allem als Ausdruck eines Zeitgeists. Es sind Zeugnisse der weltanschaulichen Grundhaltung einer Epoche. Da der Blick auf die Welt sich verändert, verändern sich mit ihm die Gärten. Das geschieht in Schüben. Und so kann man eine Ideengeschichte des Umgangs der europäischen Künste mit der Natur als Geschichte der Gärten erzählen, zumal die grundsätzlichen Veränderungen im Garten sich jeweils in ganz Europa beobachten lassen. Dem Renaissancegarten *à l'italianità* folgte im Barock überall in Europa der formal-geometrische Französische Garten. Der wurde in England nach 1720, auf dem Kontinent nach 1760 vom Modell des pseudo-natürlichen Landschaftsgartens abgelöst. Wobei abgelöst für Frankreich nicht ganz die richtige Formulierung ist. Englischer und Französischer Garten sind hier eine Art andauernden Wettstreit eingegangen. Bis in unsere Tage hält sich in der französischen Gartenkultur das, was auf der politischen Pariser Bühne *cohabitation* genannt wird – ein Euphemismus für den Widerstreit zweier unterschiedlicher Lager in führender Verantwortung.

In den Jahrhunderten, von denen hier vor allem die Rede sein wird, waren Menschen und Gesellschaften in Europa noch weit von dem Bewusstsein entfernt, dass Beherrschung und Ausbeutung kein zukunftsfähiges Modell im Umgang mit der Natur sind. Die Gärten sind in diesem Zusammenhang aufschlussreich, weil sie jenseits gesellschaftlicher Konventionen im repräsentativen Alltag immer auch ein Verhältnis zur Natur ausformulieren. Im rücksichtslosen Ausbeuten spiegelt sich das Verhältnis europäischer Gesellschaften zu den Gesellschaften anderer Weltregionen wider: die in einer eurozentrisch wahrgenommenen Welt vorherrschende, ganz selbstverständlich eingenommene Perspektive des Kolonialismus. Während die Gärten, um die es gehen wird, wie die Gesellschaften, die sie hervorgebracht haben und die sie repräsentieren, strukturell auf dem vorherrschenden kolonialistischen Blick aus Europa in die Welt gründen, werden sich einige von ihnen in ihrer Gestaltung und in der ihr jeweils zugrundeliegenden Philosophie als erstaunlich unabhängig von diesem Blick erweisen. Die europäischen Gärten des 16., 17. und 18. Jahrhunderts zeigen sich trotz der brutalen kolonialistischen Praktiken der herrschenden Regime nicht selten als Orte, an denen sich eine bisweilen überraschende Offenheit für die Welt und damit für andere Kulturen zeigt. Diese philosophische Orientierung stand nicht selten im krassen Widerspruch zu der Tatsache, dass die Anlagen erst durch Einkünfte aus dem Sklavenhandel, Militärkarrieren oder der Ausbeutung von Kolonien möglich wurden. Die Botschaft entfernt sich im Garten mitunter erstaunlich weit von den Grundlagen des Mediums. Die Gartenkunst als solche aber, der Garten als Medium ist zumindest in einer Hinsicht nie ganz zum Instrument einer kolonialistischen Weltsicht geworden: Es war immer anerkannt und unwidersprochen, dass Gärten anderer Kulturen, der Chinas etwa, Persiens oder Arabiens, europäischen Standards mindestens ebenbürtig, wenn nicht überlegen waren. Nur unter dieser Prämisse war der Versuch einer genealogischen Verschiebung des Ursprungs der Idee eines Landschaftsgartens aus England nach China möglich.

Während sich der Garten als Kunstform in Europa von der Renaissance bis ins frühe 19. Jahrhundert jenseits aller gesellschaftspolitischen Hintergründe und repräsentativen Funktionen als poetisches Medium im Spannungsfeld von Philosophie, Malerei, Literatur, Architektur und Botanik interpretieren lässt, wird er im Zweiten französischen Kaiserreich von 1848 bis 1871 immer unverhohlener zur politischen Manifestation der Regierenden und zum Instrument einer autoritären Manipulation. Zwar weisen die Gärten der Renaissance, des Barock und der Aufklärung den Einzelnen, die sich in ihnen bewegen, neben einem bestimmten Ort in der Natur auch einen in der Gesellschaft und gegenüber der Obrigkeit zu. Das ist aber nicht ihre wichtigste Funktion und nicht die vorherrschende Aussage, obwohl so mancher Renaissancefürst, Barockpotentat oder Nabob seinen Garten in diesem Sinn einzusetzen versucht hat. Es lohnt sich, die späteren Instrumentalisierungen von den ursprünglichen Intentionen des Mediums zu trennen, wenn man einzelnen Anlagen gerecht werden möchte.

Die Entstehung der großen Städte im Verlauf des 19. Jahrhunderts führte zu einer grundsätzlichen Veränderung der Funktion von Gärten für die Gesellschaft. Traditionell entstanden die großen Gartenentwürfe auf dem Land. Seit der Wiederbelebung der römisch-antiken Villentradition, der *villeggiatura* in der italienischen Renaissance, waren Gärten fester Bestandteil einer europäischen Kultur des Landsitzes. Ihre unmittelbare Umgebung war die Natur, die sie spiegelten. Die ihnen zugrundeliegenden Konzepte entstanden in der direkten Auseinandersetzung mit der Landschaft. Das war bei der Gestaltung privater Landsitze weiterhin der Fall. Die Industrialisierung und die Entstehung der Metropolen brachte aber darüber hinaus eine innerstädtische Gartenkultur hervor, die neu entstehenden Bedürfnissen entgegenkam und ganz andere Aufgaben übernehmen musste. Diese Parks sollten zur Verbesserung des Stadtklimas beitragen, ein entstehendes Bürgertum ruhigstellen und körperlich schwer belasteten Arbeitskräften etwas Erholung verschaffen. Es stellte sich außerdem heraus, dass sie die Immobilienpreise in der unmittelbaren Umgebung drastisch in die Höhe zu treiben vermochten. Es waren Anlagen, die dem entstehenden öffentlichen Raum für neue Gesellschaftsschichten Gestalt verliehen, nicht mehr ästhetische Statements privater Grundherren auf dem Land im direkten Austausch mit der Natur. Diese Gärten verloren ihre Funktion in der öffentlichen Wahrnehmung. So war es letzten Endes konsequent, dass dem Publikum zunehmend der Zutritt verwehrt wurde, nachdem die Außenanlagen der Landsitze bislang als Argumente im ästhetisch-gesellschaftlichen Diskurs in der Regel allgemein zugänglich waren, wenn auch manchmal unter Auflagen. Das galt jetzt nur noch für die öffentlichen innerstädtischen Parks. Und die antworteten in ihrer Ästhetik nicht mehr auf eine natürliche Umgebung, sondern auf die Architektur der Stadt. Aus Landschaftsgärtnern wurden Gartenarchitekten (tatsächlich war die Gartengestaltung damals noch fast ausschließlich eine Domäne von Männern). Dabei veränderte sich die ästhetische Sprache dieser Gärten zunächst nur geringfügig. Die Grundformen der Gestaltung blieben dieselben. Sie wurden in die Strukturen des Städtebaus integriert. Das ging mit einer politischen Instrumentalisierung einher. Waren die privaten Landsitze individuell gestaltete Orte der ästhetischen Kommunikation in der Begegnung mit der Natur, wurden die innerstädtischen Grünflächen dagegen ein unmittelbares Instrument der Politik und der manipulativen Kommunikation. »Das Paris des Zweiten Kaiserreichs hat seine Monumente, Gärten und schönen Boulevards als Sitz politischer, ökonomischer und kultureller Macht definiert«, resümiert Esther da Costa Meyer 2022 in einer umfassenden Studie zum Umbau von Paris mit dem Titel *Dividing Paris. Urban Renewal and Social Inequality*, 1852–1870. Sie erinnert daran, dass Paris damals »die Hauptstadt eines kaiserlichen und imperialistischen Frankreich« war und »Napoleon III. aggressiv versucht hat, bisweilen mit desaströsen Folgen, den geo-imperialen Anspruch des Regimes auszudehnen«. Dabei beobachtet sie: »Im Paris des Zweiten Kaiserreichs war das ein beständiges Anliegen; Staat und Kommune arbeiteten unermüdlich daran, bestimmte Veränderungen sichtbar zu machen – Boulevards, Parks, Plätze – und gleichzeitig dafür zu sorgen, dass andere Eingriffe unsichtbar blieben, vor allem solche, die die politische Strategie betrafen.«

Zwischen 1789 und 1871 (das ist ziemlich genau die Zeitspanne, in der sich der Englische Garten als Ausdruck einer gewandelten Haltung zur Welt in Europa durchsetzte) änderte die französische Nation im raschen Wechsel mehrfach ihre Staatsform: vom Königreich von Gottes Gnaden über eine revolutionäre Republik, eine Diktatur und ein Kaiserreich zu verschiedenen neuen Spielarten des Königtums, dann zurück zur Republik und noch einmal zum Kaiserreich. Jede dieser Varianten postrevolutionärer Staatsorganisation brachte ihre Repräsentation in den Künsten hervor: die Stile *Empire, Louis XV, Louis XVI, Second Empire.* Die unterschiedlichen Stile schlugen sich auch in den Gärten nieder, vor allem in der Hauptstadt und ihrer unmittelbaren Umgebung. Die Gärten erlebten hier in jener Zeit eine Metamorphose, der die Regierungs- und Regimewechsel jeweils neue Schübe verliehen. Vor allem der Revolution von 1848 und der daraus hervorgegangenen erneuten Etablierung eines Kaisertums folgte eine Umgestaltung der Stadt, die einem heute noch den Atem stocken lassen kann. Es war der Umbau einer wuchernden Großstadt ohne Struktur zur »Hauptstadt des 19. Jahrhunderts«, wie Walter Benjamin sie nannte. Der Begriff wird von der jüngeren Forschung abgelehnt, die zu Recht darauf hinweist, dass das 19. Jahrhundert global betrachtet sehr viel mehr gewesen ist als das, was die um- und ausgebaute imperiale französische Hauptstadt repräsentierte. Als literarische Metapher für eine Erfahrung des Umbruchs, für einen Epochenwechsel und für die Bedeutung, die auf Paris als sich organisierende Metropole intellektuell, künstlerisch, kulturell, ökonomisch und städtebaulich projiziert wurde, taugt sie aber immer noch. In überraschendem Ausmaß wurden bei der Planung dieser neuen Stadt Ideen, Traditionen und Techniken der Gartenkultur instrumentalisiert. Und so beginnt dieser Ausflug in die Geschichte des französischen Gartens, wie sie sich rund um Paris erleben lässt, in den Gärten und auf den Boulevards der französischen Hauptstadt, die mit London in einer Art Wettbewerb um den Status einer Gartenhauptstadt des 19. Jahrhunderts stand.

Brachiale ›Perspektivpoesie‹

Paris, Gartenhauptstadt des 19. Jahrhunderts?

Ein Jahrhundert lang war Versailles so etwas wie die politische Hauptstadt Frankreichs. Hier residierten ab 1682 Krone und Regierung. Der Grundriss der Stadt ist aus dem Park hervorgegangen, an den sie anschließt. Versailles ist die systematische Verlängerung der Gartengestaltung in den Städtebau. Allerdings gab es einen organisierten Städtebau im größeren Stil damals noch nicht. Und die Gartengestaltung wurde im Verlauf des 17. Jahrhunderts in Frankreich auf gewisse Weise noch einmal neu erfunden. Dafür stehen Orte wie Vaux-le-Vicomte, Chantilly und natürlich Versailles.

Das Versailler Gesamtkunstwerk aus Park, Schloss und Stadt vor Augen, entwickelte der Jesuit und Pariser Hofkaplan Marc-Antoine Laugier (1713–1769) angesichts der sichtbar werdenden Notwendigkeit einer Planung von Städten Mitte des 18. Jahrhunderts eine Art Fahrplan. Sein 1753 zunächst anonym erschienener *Essai sur l'Architecture* wurde in mehreren Auflagen und zahlreichen Übersetzungen zu einem der meistgelesenen Traktate des Jahrhunderts. Der Text integriert eine ordnende Vision von Architektur in die ordnende Vision einer geplanten Stadt. Das war das schiere Gegenteil des Bildes, das Paris damals abgab.

Die urbanistischen Visionen des Abbé Laugier atmen den Geist der französischen Gartengestaltung. Ausgangspunkt ist ihm die Natur. Damit folgt er der obersten Maxime seiner Epoche. In Laugiers Architekturtheorie finden die beiden widerstreitenden Ansätze des späten 17. und des frühen 18. Jahrhunderts im Blick auf die Natur produktiv zu einem neuen Standard zusammen: Da ist auf der einen Seite die rationalistische Überformung der Natur nach Ideen der menschlichen Vernunft. Sie hatte im Französischen Garten ihren Ausdruck gefunden. Und da ist auf der anderen Seite der Versuch einer Nachschöpfung der Natur auf der Grundlage von ästhetischen Regeln, die man der Natur selbst abgeschaut zu haben meinte. Sie lag dem Modell des Englischen Gartens zugrunde.

Unter Berufung auf den römischen Architekturtheoretiker Vitruv konstatiert Laugier als kleinste Einheit des Städtebaus die sogenannte Urhütte, einen schlichten quadratischen Bau, Baumstämme in den Ecken, darauf Holzbalken und ein Dach aus aneinandergestellten Ästen. Darauf gehen die statische wie die ästhetische Idee des antiken (also des einst klassischen, jetzt neoklassischen oder klassizistischen) Tempels zurück: Die Stämme entsprechen den Säulen, der Balken dem Architrav, die Äste markieren den Giebel des Dachs. Eines der ersten markanten Gebäude, das in Paris nach dieser architektonischen Musteridee entstand, war die Kirche Sainte-Geneviève, das heutige Panthéon. Mit dieser vermeintlich aus der Natur abgeleiteten Grundform ist die klassizistische Architektur als geeignete Ausstattung für den Garten gesetzt. Gärten verstanden sich zu allen Zeiten als idealisierende Spiegel der Natur, unabhängig von ihrer Gestaltung. In England hatte sich der Klassizismus als architektonisches Mittel der Wahl schon seit Anfang des 18. Jahrhunderts im revolutionär neuen Landschaftsgarten durchgesetzt.

Auf dem Kontinent breitete sich der Landschaftsgarten erst nach 1760 aus. Zu den frühesten Anlagen im neuen Stil gehörten in Frankreich Ermenonville und in Deutschland Wörlitz. Das dortige Schloss gilt als erstes klassizistisches Gebäude auf dem Kontinent. Als

Charles-Dominique-Joseph Eisen, Frontispiz zur 2. Auflage von Marc-Antoine Laugier, *Essai sur l´Architecture* 1755

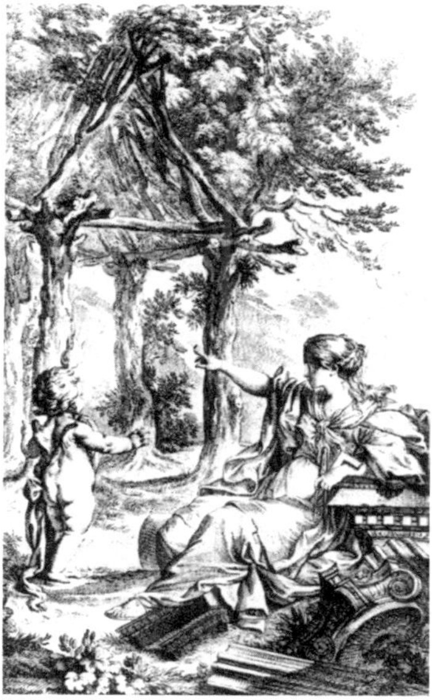

gartenarchitektonischer Antipode zum Klassizismus etablierte sich im Englischen Garten von Anfang an die Gotik. Im 19. Jahrhundert wurde dieser Stil, der sich an mittelalterliche Bauformen anlehnte, auch jenseits der Gartengrenzen als Neogotik neben dem Neoklassizismus und der Neoromanik zur wichtigen Stilvorgabe für die explodierenden Städte. In den deutschen Ländern gilt das Nauener Tor in Potsdam (1755) als erster gotischer Bau außerhalb eines Gartens. Abbé Laugier widmete der Gotik eine eigene Abhandlung: die 1765 erschienenen *Obervations sur l'Architecture*. Sosehr er die Formen der gotischen Architektur schätzt und bewundert, will er sie am Ende doch nach den von ihm aufgestellten klassizistischen Regeln überarbeitet sehen. Ein plastisches Beispiel für ein Dekor aus diesem Geist bietet der ab 1784 vorgenommene Umbau des Innenraums der Leipziger Nikolaikirche mit seinen Palmenkapitellen.

Der Klassizismus behauptet sich also im 18. Jahrhundert als »natürliche« Form sowie als stilistische Vorgabe für Gebäude in Gärten. Und bei den Landschaftsgärten haben wir es mit Anlagen zu tun, die ihre Bedeutung erst über ihre Bauwerke erhalten. Darüber hinaus sah man im Klassizismus wie auch in der Form der Gärten logische Ableitungen aus der Natur selbst. Die Gestaltung der Stadt ergibt sich für Laugier quasi mathematisch aus der Multiplizierung der kleinsten Einheit: horizontal einer Aneinanderreihung, vertikal einer Stapelung der klassizistisch genormten Urhütte. Nicht nur mit Blick auf die architektonische Grundeinheit, auch bei der Idee der Gestaltung der Stadt als Zusammenhang orientiert sich Laugier am Garten. Für einen Franzosen um die Mitte des 18. Jahrhunderts heißt das: an Anlagen wie der von Versailles, den Wäldern abgetrotzt, die damals weite Teile Frankreichs bedeckten. Ausdrücklich konstatiert Laugier nach einer kurzen Beschreibung des dysfunktionalen Pariser Straßengewirrs:

> »Man muss eine Stadt betrachten wie einen Wald. Die Straßen von jener sind die Wege von diesem; und genau so müssen sie durchgehauen werden. Was das Wesen der Schönheit eines Parks ausmacht, ist die Vielzahl der Straßen, ihre Breite, ihre Ausrichtung; aber das ist nicht genug: es bedarf eines Le Nôtre, der den Plan zeichnet; der Geschmack und Überlegung beweist, während er zu Ordnung, Symmetrie und Vielfalt findet; hier sehen wir einen Stern, dort ein *patte d'oie; …*«

Die Beschreibung der idealen Stadt folgt dem Regelwerk des idealen Gartens. André Le Nôtre, auf den sich der Abbé beruft, hatte das Modell der italienischen Renaissance in den französischen Residenzen adaptiert, um es als Gesamtraumkunstwerk neu zu konstituieren.

Dieser neue Garten war weit über seine repräsentativen Funktionen hinaus als künstlerisches Medium in der Lage, wichtige Prinzipien der Philosophie der Zeit, aber auch der Wissenschaft, der Künste und nicht zuletzt eines Gesellschaftsmodells zum Ausdruck zu bringen. Der Natur, dem Grün, der einzelnen Pflanze wurden Aufmerksamkeit und Entfaltungsmöglichkeiten eingeräumt, wie man es bis dahin nicht gekannt hatte. Die Anordnung der Pflanzen im übergeordneten System der Geometrie ist dabei nicht als Machtgeste, sondern als Reverenz zu verstehen. Die komplex orchestrierte Klarheit der Geometrie, die Le Nôtre im großen Stil den Wäldern abrang, wünschte sich Abbé Laugier im wuchernden steinernen Wildwuchs aus schiefen Bauten, als den er die Großstadt im Norden von Versailles wahrnahm.

Der Mann, der sich schließlich in diesem Sinn selbst als eine Art Le Nôtre des Städtebaus betrachten sollte, hieß Georges-Eugène Haussmann (1809–1891), irgendwann ging er dazu über, sich ›Baron‹ zu nennen. Er wurde genau 100 Jahre nach Erscheinen des *Essai sur l'Architecture* von Kaiser Napoleon III. zum Präfekten des Départements Seine ernannt. Damit war er der mächtigste Beamte in der Stadt, die er mit Hilfe des Kaisers und in dessen Auftrag umbauen sollte, nicht zuletzt nach den Vorstellungen des Abbé Laugier.

In der Forschung wird die Personalisierung des Stadtumbaus von Paris als *Haussmannisierung* längst kritisch gesehen. Sie ist immer wieder hinterfragt worden, zuletzt und zusammenfassend von Esther da Costa Meyer. Die politischen Hintergründe, die ökonomischen Zusammenhänge, die Entscheidungswege, Verwaltungsstrukturen und Finanzierungsmodelle der vielen einzelnen Projekte, die wir in der Zusammenschau als den Umbau von Paris wahrnehmen, sind sehr viel komplexer, als es die Erzählung vom mächtigen

Beamten und seinem bauwütigen Kaiser suggeriert. Inzwischen weiß man, dass vieles in der Planung längst vorlag, als Haussmann übernahm. Und doch kommt Haussmann und Napoleon III. jeweils für sich sowie als Gespann eine große persönliche Verantwortung für viele der grundlegenden Entscheidungen zu. Und sie stehen für die Art und Weise, in der sie umgesetzt wurden. Der komplexe Vorgang der Stadtumgestaltung als Ganzes kann hier nur gestreift werden. Aber einige Projekte, die sich in die Geschichte des französischen Gartens einfügen oder aus ihr folgen, verdienen es, erwähnt zu werden.

Der Präfekt und sein Kaiser schlugen tatsächlich Schneisen in die Stadt, als sei sie ein Wald. Diese Schneisen inszenierten sie wie Gartenarchitekten als Sichtachsen, die auf herausragende Monumente als *points de vues* hin ausgerichtet waren. Manchmal waren diese Monumente schon da, manchmal aber wurde erst die Achse geplant und nachträglich ein entsprechender Bau als Blickfang in den öffentlichen Raum gestellt. Im Fall des Boulevard Heinrich IV. ließ sich das sogar nur in Form einer optischen Täuschung, eines sogenannten *trompe l'œil*, realisieren. Das macht anschaulich, dass die langen Geraden, die Haussmann der Stadt verpasste, nicht etwa direkte Verkehrsverbindungen waren, die den Bedürfnissen der Stadt und ihrer Bewohner entgegenkommen sollten, sondern vor allem Sichteffekte, ästhetische Strukturelemente, Ausdruck einer Ideologie der Klarheit, Sauberkeit, Regelhaftigkeit und Ordnung. Außerdem wurden sie zum Markenzeichen eines Städtebaus, der sich als Machtdemonstration verstand. Und schließlich legte die frisch eingesetzte neue Obrigkeit ein besonderes Sicherheitsbedürfnis an den Tag, nachdem eine Serie von Revolutionen ihren Ausgang jeweils an den Barrikaden im Pariser Straßengewirr genommen hatte.

Das städtebauliche Prinzip, gerade Straßen auf Monumente zuzuführen, ist ästhetisches Erbe der italienischen Renaissance. In der Stadtvision des Abbé Laugier wird es in Form der brachial in die Lebenswelt von Paris geschlagenen Achsen des Präfekten Haussmann zum Rückgrat einer ordnenden Struktur. Die soll die Funktionalität des zu strukturierenden Organismus (sei es ein Wald, ein Park oder eine Stadt) optimieren. Darüber hinaus symbolisiert sie eine Ästhetik der Geometrie und eine in ihr aufgehende zentralistische Gesellschaftsvision. Im Vergleich zu den Achsen der Renaissancestädte schneiden Haussmanns Boulevards allerdings nicht immer gut ab. So übte der US-amerikanische Stadtplaner Elbert Peets 1927 scharfe Kritik. Die Achsen der großen Renaissance-Architekten seien »nicht einfach gerade, bequeme Durchgangsstraßen. Es sind ausgetüftelte, rhythmisch strukturierte ästhetische Kompositionen. Betritt man eine solche Straße, spürt man ihr organisches Wesen, meist im Verhältnis zu einem dominierenden Gebäude. Kommt man aber von der Gare de l'Est zum Boulevard de Strasbourg-Sébastopol, hat man im Wesentlichen eine lange Gerade vor sich, die sich im blauen Dunst verliert.«

Die ersten Boulevards entstanden, als ab dem 17. Jahrhundert die alten Stadtbefestigungen niedergelegt wurden. Haussmann korrigierte auch innerhalb der den Bastionen folgenden Straßenführungen den Plan der Stadt nach den Ideen des Abbé Laugier. Nicht umsonst klingt es wie die Beschreibung eines Parks, wenn Karl Scheffler den Stadtplan von Paris nach diesem Umbau skizziert: »Das Natürliche und Künstliche, das Zufällige und Systematische ergänzen sich in der glücklichsten Weise.« Es hat immer schon zum ureigenen Wesen des Gartens gehört und nicht zu dem der Stadt, das Natürliche und das Künstliche zu einer neuen Einheit zu verbinden. Geschult an Versailles (»Die Gärten von Versailles sind ein Weltwunder«), erkennt Scheffler in der Struktur der Hauptstadt die systematisch gestaltende Hand einer über die Gesellschaft herrschenden Instanz. Für ihn sind die großen Zeiten der Städte ausdrücklich nicht jene, in denen das Bürgertum das Sagen hat. Seine Beschreibung der Genese von Paris würde man heute definitiv anders formulieren. In der Analyse und in der Betonung des autoritären Gestus, der im Pariser Stadtbild sichtbar wird, hat Scheffler aber im Kern Recht, wenn er schreibt:

> »Auch in Paris haben die Zeiten der Bürgerherrschaft dem Stadtplan das charakteristische Gepräge nicht verliehen. Es gehörte die an sich selbst berauschte Großheit des vierzehnten Ludwig dazu, um eine Perspektive zu wagen wie die vom Louvre zu den Champs-Élysées hinaufweisende; ein Herrenmensch wie der Korse musste kommen, um auf den höchsten Punkt dieser mächtigen Aussicht den majestätischen Étoilebogen zu pflanzen; und es war der kecke Abenteuergeist des dritten Napoleon erforderlich, um aus den alten Wallstraßen mächtige Boulevards zu machen und durch kühne Durchbrüche das natürlich Gegebene künstlich zu vollenden. Die Pariser Bürger haben es dann freilich verstanden, als Gemeinde die großen Gedanken der Einzelnen immer groß zu Ende zu führen.«

Es bedurfte der Revolution von 1848, um den Umbau von Paris in Gang zu setzen, der als *Haussmannisierung* in die Geschichte der Stadt und des Urbanismus eingegangen ist. Der Umsturz bereitete den Weg für ein neues Kaiserreich und damit für die gesellschaftlichen, organisatorischen und nicht zuletzt finanzpolitischen Strukturen, die diesen radikalen Umbau möglich machten. Die dabei umgesetzten raumgestalterischen

Prinzipien lassen sich zum Teil auf Eindrücke zurückführen, die Haussmann in ihrer radikalen Vollendung und letzten Konsequenz in Versailles erlebt und analysiert hatte. Entsprechend beschreibt Scheffler das neue Paris seitenlang, als sei es ein Park. Die Stadt erscheint ihm »wie eine ungeheure, stückweise ins Sehfeld tretende Wandeldekoration. Es gibt kaum eine Aussicht, wo das Auge nicht mit sanftem ästhetischen Zwang auf einen bedeutenden Mittelpunkt gelenkt würde.« Am Ende attestiert der deutsche Stadtkritiker dem haussmannisierten Paris eine eigene Kategorie der Raumgestaltung: eine *Perspektivpoesie*. Dass diese geradewegs aus der französischen Gartenkunst in die französische Hauptstadt eingewandert ist, war Scheffler so bewusst wie Haussmann. Da ist es nur konsequent, dass beide den Gartenanlagen innerhalb des Stadtraums besondere Aufmerksamkeit schenkten, der eine in der nachträglichen Beschreibung, der andere in der planenden Gestaltung. So schreibt Scheffler: »Stellenweise ist die Stadt … ein einziger schön kultivierter Garten.« Weniger romantisch kommentiert Esther da Costa Meyer aus heutiger Sicht: »Haussmanns Stadtökologie war auf die politischen und wirtschaftlichen Erfordernisse des Zweiten Kaiserreichs ausgerichtet.« Und: »Die Gärten des Kaiserreichs dienten als Prisma, in dem sich die Überzeugungen und die Vorurteile der Gesellschaft spiegelten und brachen.«

Die groß angelegte ästhetizistische Vision der Stadt als in Laugiers imaginären Wald geschlagene geometrische Struktur ist in Paris nicht wie in anderen Städten wie Versailles oder später Washington Planungsgrundlage gewesen. Sie wurde nachträglich durch bewohnte Viertel gehauen. Dabei hat man nicht die geringste Rücksicht auf die sozialen Folgen für ein rasant wachsendes Großstadtproletariat genommen, das immer weiter an den Rand gedrängt wurde. Von dort wurden

Arbeitskräfte dorthin gekarrt, wo sie zu Niedrigstlöhnen den Umbau der Stadt voranbringen mussten, der den Armen weiteren Lebensraum entzog. In seinen Memoiren bemerkt der Karriere-Beamte Haussmann: »Ich ging unbeirrt den geraden Weg.« Das galt nicht bloß metaphorisch. Die Schneisen, die er in die Stadt kerbte, erinnern daran, wie wörtlich er diese Devise beim Stadtumbau genommen hat. Sie zeugen mehr von Lineal und Bleistift als von Recherche vor Ort oder gar einer Analyse der Anforderungen einer modernen Großstadt. Tatsächlich haben sich der Präfekt und sein Kaiser wohl eher ungern und entsprechend selten in der Stadt bewegt, der sie ihren Stempel aufdrückten. Sie haben ihre Vorhaben vorwiegend an Plänen entwickelt. »Haussmanns Paris war das Produkt seines Stadtplans«, schreibt Esther da Costa Meyer. Und Haussmann-Biograph David Jordan erinnert an folgende Szene:

> »Der Vicomte de Beaumont Vessay, Mitglied des Staatsrates, sah in Louis Napoleons Arbeitszimmer eine Reihe von Karten. Zuerst habe er das Rheintal oder Belgien zu erkennen gemeint und vermutet, ›Napoleon III. würde sie ebenso wie sein ruhmreicher Onkel, dessen Namen er trug, auf dem Boden liegend studieren‹. Doch bei näherem Hinsehen habe er erkannt, ›dass sich diese Karten auf den Bois de Boulogne bezogen und minuziös die geplanten Wege und zwei Seen darstellten‹.«

Das Projekt der Haussmannisierung machte in seinem allumfassenden Anspruch auch vor der Kanalisation unterhalb des Pariser Straßennetzes nicht Halt. Zur Weltausstellung stiegen Staatsoberhäupter in die Katakomben, um die haussmannisierten Abwasserkanäle zu bewundern. Außerdem gehörte ein System aus gestalteten Plätzen, Grünanlagen, Parks und Gärten dazu, das sich wie Fleisch um ein Gerippe legte, wie eine sinnliche Schicht um das gnadenlos geometrische Skelett der Boulevardachsen und Straßenlinien. 1850 beim Amtsantritt von Haussmann enthielt der Stadtraum von Paris 47 Hektar Parks und Gärten. 1870, im Jahr vor seiner Entlassung, waren es 4500. 45 000 Bäume ließ Haussmann neu setzen, in Reih und Glied und nach exakten Regeln.

Für die Gestaltung der neu entstehenden Grünanlagen stellte Haussmann eigens einen Architekten ab, Gabriel Davioud. Für entsprechende Planungen hatte er seinen *ingénieur-jardinier* Jean-Charles Alphand. In den neuen Straßen wie in den neuen Gärten wurde bis ins Detail darauf geachtet, dass nicht zu viel Individualismus oder Originalität die rigoros erzwungene Klarheit störte. Für die Straßen regulierten neben den allgegenwärtigen dunkelgrün gestrichenen Stadtmöbeln vor allem die Steinfassaden mit den charakteristischen Balkonen in ausgewählten Stockwerken das Bild. Lediglich die Bahnhöfe stellten als Kathedralen des Aufbruchs in eine mobile Zukunft die Modernität ihrer Architektur in Fassaden mit viel Glas und Stahl zur Schau. Sie symbolisieren mit den sternförmig aus der Innenstadt führenden Schienenwegen machtvoll den politischen Zentralismus, der das Reich und seine Hauptstadt weiterhin fest im Griff hatte. In Versailles konnte man das entsprechende Modell jederzeit auf sich wirken lassen und seine Techniken im Detail studieren.

Kritiker haben immer wieder darauf hingewiesen, dass im Zweiten Kaiserreich mehr Gärten zerstört als neu geschaffen worden seien. Dabei vollzog sich ein grundlegender Wandel der Funktion des Gartens für die Gesellschaft: Er wurde vom privaten Rückzugsort zum öffentlichen Raum. Zerstört wurden vor allem private Gärten, neu geschaffen öffentliche Parks. Die privaten innerstädtischen Gärten, die Haussmann vorfand, lagen zum größten Teil auf den Rückseiten von Châteaus und Palais und waren dem konservativen Charakter ihrer Eigentümerinnen und Eigentümer entsprechend fast durchweg *à la française*, also geometrisch gestaltet. Die Polizei wünschte sich diesen Stil aus naheliegenden Gründen ausdrücklich auch für öffentliche Gärten. Er kam, wenig überraschend, dem persönlichen Geschmack des Präfekten entgegen, der einmal notierte, die Gartenkunst scheine »ihren Höhepunkt erreicht zu haben, als sie es lernte, unleugbar prachtvolle Symmetrien, Monumente und Skulpturen harmonisch auf jene Palastbauten abzustimmen, deren Fortsetzung sie gleichsam bilden«.

Für die nicht bebauten Freiflächen, seien es Stadtplätze oder Gartenanlagen, entwarf Haussmanns Architekt Gabriel Davioud eine Möblierung aus industriell gefertigten Serienprodukten. Das Angebot reichte von Bänken, Papierkörben und Gaslaternen über Springbrunnen, Wurzelschoner, Bodengitter, Metallröhren für ein gerades Baumwachstum und Eisenstege zum Schutz von Rasenflächen und zur Begrenzung von Kieswegen bis zu Pavillons für Bekanntmachungen, Wachlokalen, Gartenlauben und Buden für Gaststätten. Vittorio Magnago Lampugnani hat unter dem Titel *Bedeutsame Belanglosigkeiten* den Details der Möblierung der Städte ein aufschlussreiches Buch gewidmet. Nicht zufällig beginnt es mit dem Blick auf Paris: »Schauen Sie sich einmal eine Fotografie eines Pariser Boulevards an«, schreibt Lampugnani. »Sie werden, selbst wenn Sie diesen speziellen Boulevard nicht kennen, sofort erraten, in welcher Stadt er sich befindet.« Lampugnani erläutert: »Das neue Großstadtleben musste in geordnete Bahnen gelenkt werden, die Bewohner diszipliniert und ihr Verhalten so geregelt, dass Anstand und Recht nicht verletzt wurden. Es ist kein Zufall, dass unter Napoleon III., dem Kaiser des populistischen Programms der Ordnung, zum ersten Mal ein umfassendes Konzept für die

Einrichtung der Straßen, Plätze, Park- und Uferanlagen von ganz Paris entwickelt und implementiert wurde, das der Ingenieur Jean-Charles Adolphe Alphand in seinem Prachtband *Les promenades de Paris* kodifizierte.«

Auch dem Kaiser lagen als oberstem Bauherrn die Gärten der Hauptstadt besonders am Herzen. Esther da Costa Meyer nennt ihn »the Gardener-Prince«. Er hatte die Jahre von 1846 bis 1848 im Exil in London verbracht. Wie vielen Gästen vom Kontinent hatte es ihm die englische Gartenkultur besonders angetan. Als Kaiser wünschte er sich über seine Hauptstadt verteilt formal gestaltete kleine Plätze, wie er sie aus London kannte. Der etymologische Mythos, das französische Wort *square* sei als Übernahme des entsprechenden Londoner Konzepts der *squares* in die französische Sprache gelangt, scheint auf Haussmann zurückzugehen. Da Costa Meyer hält dagegen, es leite sich vom alten französischen *carrée* oder *quarrée* ab. Es bleibt bezeichnend, dass es gemeinhin als einleuchtend gegolten hatte, dass die Etablierung des Begriffs der Förderung der Sache durch den Kaiser folgte. Mit diesem Element der kleinen begrünten Stadtplätze wurde ein weiteres planerisches Element aus der Gartenkultur und ihrer Geschichte zur prägenden Struktur für den Stadtraum, diesmal im Rekurs auf die Renaissance.

Diese hatte England relativ spät erreicht, übersprang den Kanal erst, nachdem sie sich in Mitteleuropa ausgebreitet und mit ihren charakteristischen Stilmerkmalen in der Baukultur durchgesetzt hatte. Das Palladianische Modell von Villa und Garten gehörte dazu. Es war der Architekt und Bühnenbildner Inigo Jones (1573–1652), der den Klassizismus Andrea Palladios in England etablierte, zunächst vor allem in London. Beim Wiederaufbau nach dem großen Brand, dem 1666 vier Fünftel der Londoner City zum Opfer gefallen waren, wurde ein der Palladianischen Villa nachempfundenes Stadthaus mit Säulen, Architrav und Ziergiebel zum Standard. Es ähnelt dem Modellhaus, das Abbé Laugier später zur *Urhütte* erklärte. Zur Palladianischen Villa gehörte ein formaler Garten über die Breite des Gebäudes. Für dieses Zusammenspiel von formalisiertem Baukörper und Elementen der Gartenkultur stand Palladios Villenkonzept Pate. Daraus ging ein Modell hervor, nach dem mehr oder weniger aufwendig palladianisch ausgestattete Häuserfassaden gärtnerisch gestaltete Londoner *squares* umstanden. Abgewandelt und vielfach multipliziert, prägt es das neuzeitliche London. Dieses Konzept hatte Napoleon III. im Kopf, als er sich, aus dem Londoner Exil zurückgekehrt und Kaiser geworden, an den Umbau von Paris machte.

Eine weitere markante Gartenplanung für die neu organisierte Hauptstadt geht unmittelbar auf Napoleon III. und seine Begeisterung für London zurück: die Gestaltung jener Anlage, deren detaillierter Wegeplan dem Vicomte de Beaumont Vessay im Arbeitszimmer des Kaisers aufgefallen war, des Bois de Boulogne. Obwohl am Stadtrand gelegen, spielte er für den Kaiser, in der Folge für den Präfekten und in der Folge davon für die ganze Stadt eine prägende Rolle. Er verkörpert so etwas wie die offizielle, von höchster Stelle angeordnete Integration Londoner und damit englischer Gartenstandards in das neue System der französischen Hauptstadt. Der Bois de Boulogne am westlichen Stadtrand sollte nach dem Wunsch Napoleons III. die Pariser Antwort auf den Londoner Hyde Park sein. Die Höhenunterschiede im Gelände erlaubten es allerdings nicht, dessen charakteristisches gestalterisches Element, die berühmte, sich schlangengleich windende *Serpentine* zu kopieren. Haussmann legte ein Konzept mit zwei Teichen und Wasserfällen vor, um einen Eindruck von Natürlichkeit zu erzeugen, wie er den Hyde Park auszeichnet. So wurde der wichtigste Englische Garten in Paris

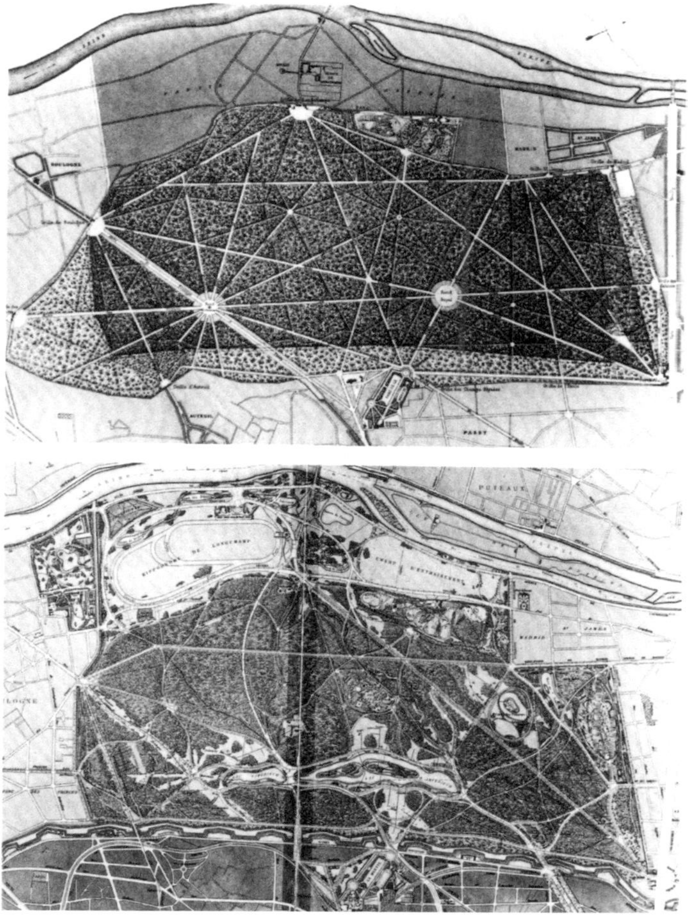

Der Bois de Boulogne vor und nach der Umgestaltung

zu einem Echo auf den wichtigsten und berühmtesten Englischen Garten in London.

Der aufwendig gestaltete Park im wohlhabenden Westen der Stadt hob ausschließlich die ohnehin schon beträchtliche Lebensqualität der Reichen. Und so kam 1860 der Plan auf, ihm ein Pendant im Osten gegenüberzustellen, einen Park für die Armen, den Bois de Vincennes. Die Unterschiede sprechen für sich: Während sich 239 städtische Angestellte um den Bois de Boulogne kümmerten, waren es im Bois de Vincennes 94. Für den einen gab die Stadt jährlich 628 000 Francs aus, für den anderen 235 000 Francs. Wie sehr der Kaiser den Plan seiner Hauptstadt mit den Augen eines Gartengestalters betrachtete, illustriert seine Vision eines Grüngürtels rund um die Stadt, der den Bois de Boulogne und den Bois de Vincennes hätte miteinander verbinden sollen. Die ökologischen Folgen der ästhetischen Umgestaltung der Wälder waren einschneidend. Die Entfernung des Unterholzes entzog den Böden Nährstoffe. Indem die Wälder in Parks verwandelt wurden, gewannen sie an ästhetischer Eindeutigkeit und erhielten ihren Ort in der neuen Pariser Stadtästhetik, aber sie verloren ihre ökologische Vielfalt und ihr natürliches Gleichgewicht.

Im Bois de Boulogne endet eines der berühmtesten Paris-Bücher überhaupt, der Auftakt zu einem der großen erzählerischen Projekte des beginnenden 20. Jahrhunderts: Marcel Prousts *Unterwegs zu Swann* (1913), der erste Band von *Auf der Suche nach der verlorenen Zeit*. In einem Brief sprach Proust später von »jener Stelle über den Bois de Boulogne, die ich dort wie einen einfachen Wandschirm hingesetzt habe, um ein Buch zu beenden und abzuschließen, das aus äußeren Gründen 500 Seiten nicht überschreiten durfte«. Proust schichtet mehrere Lagen von Beschreibungen eines Landschaftsgartens nach den englischen Regeln der Kunst im Prisma der Gefühle seines Erzählers übereinander. »Diese Vielfältigkeit des Bois de Boulogne«, heißt es, »die ihn zu einer künstlichen Stätte und im zoologischen oder mythologischen Sinne einem Garten macht, wurde mir in diesem Jahr (gemeint ist entweder das Jahr 1913 oder das Jahr 1908) wieder bewusst, als ich ihn durchschritt.« Eine der Beschreibungen, die hier ineinander übergehen, lautet:

> »Er war für mich so etwas wie jene Tiergärten, in denen man in gegensätzlichen Landschaftsausschnitten die Flora verschiedenartiger Gegenden sieht; wo man nach einem Hügel erst auf eine Grotte, dann eine Wiese, auf Felder, einen Fluss, einen Graben, einen Hügel, einen Sumpf stößt, jedoch weiß, dass sie nur da sind, um den sich tummelnden Flusspferden, Zebras, Krokodilen, russischen Kaninchen, Bären oder Reihern einen geeigneten Lebensraum oder einen malerischen Rahmen zu geben; der Bois selbst, in seiner komplexen Vereinigung verschiedener kleiner, in sich geschlossener Welten – ließ er doch ein mit roten Bäumen, amerikanischen Korkeichen, bepflanztes Farmgelände, das einem landwirtschaftlichen Betrieb in Virginia glich, auf ein Fichtenwäldchen am Seeufer oder auf einen Hochwald folgen, aus dem plötzlich in weichem Pelz und mit schönen Tieraugen eine eilige Spaziergängerin auftauchte – war der Frauengarten; und – wie die Myrtenallee der *Aeneis* – für sie mit Bäumen einer einzigen Art bepflanzt, wurde die Allée des Acacias von den berühmten Schönheiten der Epoche besucht.«

Ausgerechnet in einem Garten, dem nächstgelegenen Ausflugsgarten des mondänen Pariser Westens und Fluchtpunkt des Haussmannschen Boulevardsystems, lässt Proust sein großangelegtes Erzählprojekt vorübergehend zum Stillstand kommen. Die letzten Worte dieses ersten Bandes schlagen den Bogen von der umfassenden emotionalen Erfahrung des aufgeladenen Gartenraums Bois de Boulogne zum eigentlichen Thema des Romanwerks, der verlorenen Zeit:

»Lange schon waren sie wieder fort, als ich die verlassenen Wege noch immer vergeblich befragte. Die Sonne hatte sich versteckt. Die Natur begann im Bois, aus dem die Idee, er sei der elysische Garten der Frau, sich verflüchtigt hatte, ihr Reich wieder aufzurichten; der wirkliche Himmel über der künstlichen Mühle war von Wolken verhangen; der Wind durchfurchte den Grand Lac mit kleinen Wellen wie jeden anderen See; mächtige Vögel durchzogen den Bois, als sei er eben ein Wald, und fielen mit schrillen Schreien auf großen Eichen ein, die unter druidischen Kronen und in dodonäischer Majestät die unwirtliche Öde des entzauberten Haines laut zu verkünden schienen und mich verstehen lehrten, welcher Widersinn darin liegt, wenn man die Bilder der Erinnerung in der Wirklichkeit sucht, wo immer der Reiz ihnen fehlen muss, der im Gedächtnis wohnt und mit den Sinnen nicht wahrgenommen werden kann. Die Wirklichkeit, die ich einst gekannt hatte, gab es nicht mehr. Es genügte, dass Madame Swann nicht mehr als immer die gleiche im gleichen Augenblick unter den Bäumen erschien, und schon war die Avenue eine andere geworden. Die Stätten, die wir gekannt haben, sind nicht nur der Welt des Raums zugehörig, in der wir sie uns denken, weil es bequemer für uns ist. Sie waren nur ein schmaler Ausschnitt aus den einzelnen Eindrücken, die unser Leben von damals bildeten; die Erinnerung an ein bestimmtes Bild ist nur wehmutsvolles Gedenken an einen bestimmten Augenblick; und die Häuser, Straßen, Avenuen sind flüchtig, ach! wie die Jahre.«

Die Häuser, Straßen, Avenuen als Fluchten im Wald (Bois de Boulogne) und in der (bei Abbé Laugier aus dem Wald abgeleiteten) Stadt, aber auch in der Zeit – mit dieser Überblendung endet ein Buch, das das

Gartenmotiv durchzieht. Schließlich bildet die Stadt Paris das Rückgrat der Erzählung, die bisweilen von den Boulevards regelrecht kanalisiert wird. Und dieses Paris ist einerseits geprägt von einem für die bürgerliche Stadtkultur konstitutiven Spannungsverhältnis zum ruralen Umland (in Prousts Fall ist dies der Kosmos rund um Tante Léonies Haus in Combray, in Wirklichkeit Illiers, heute Illiers-Cambray), andererseits von den Fundamenten einer prägenden, selbstbewussten Gartenkultur, die das Stadtbild markant durchziehen.

In *Unterwegs zu Swann* ist zum Beispiel die Rede von »der gradlinigen Phantasie des Gärtners, den meine Großmutter nicht mochte« und dem Gegenteil dazu, das darin bestehen würde, »ein wirklicher Teil der echten Natur zu sein, der es sehr wohl verdiente, eingehend betrachtet und erforscht zu werden«. Dabei trägt der Proustsche Erzähler genau jenes romantische Schönheitsideal in sich, das der Englische Garten idealerweise realisieren wollte, was der Proustsche Erzähler vor allem auf dem Land, also in der und rund um die Kleinstadt Combray, immer wieder erfährt (der von Proust als Zeuge aufgerufene Hubert Robert wird im Folgenden als Gestalter und als Maler von Gartenszenen noch eine Rolle spielen): »Wir kamen über den Boulevard de la Gare zurück, wo die hübschesten Villen des Ortes standen. In jedem Garten streute der Mondschein à la Hubert Robert zerbrochene Stufen aus weißem Marmor, Springbrunnen und halboffene Parktore aus. Sein Schimmer hatte das Telegraphenbüro zum Verschwinden gebracht. Es blieb davon einzig eine geborstene Säule übrig, die die ganze Schönheit einer unsterblichen Ruine in sich trug.«

Aber eben als Natur, nicht als Garten. Dieses Ausspielen der wahren, großen, unendlichen Natur gegen ihre verkleinerte Kopie in Gartenform war eines der am weitesten verbreiteten Argumente des späten 19. und frühen 20. Jahrhunderts gegen die Landschaftsgärten des späten 18. und frühen 19. Jahrhunderts:

»Ich wünschte mir nichts sehnlicher, als das stürmische Meer zu sehen, nicht als ein schönes Schauspiel, vielmehr als eine Offenbarung des wahren Lebens der Natur; oder ich möchte lieber sagen, es gab für mich keine schönen Schauspiele außer solchen, von denen ich wusste, dass sie nicht künstlich zu meinem Vergnügen arrangiert wurden, sondern dass sie notwendig, unabwendbar waren: die Schönheiten der Landschaft oder der großen Kunst. Ich wünschte, ja begehrte nur das zu kennen, was ich für wahrer hielt, als ich selbst mir vorkam, das heißt, was in meinen Augen den Vorzug hatte, mir den Einblick in das Denken eines großen Genius oder in die Kraft, den Zauber der Natur zu verschaffen, so wie sie sich entfaltet, wenn sie ohne menschliches Zutun ganz sich selbst überlassen ist.«

Doch was der Erzähler als junger Mensch erlebt, sind lediglich »stürmische(n) Tage(n), wo der Wind so heftig ging, dass (das Dienstmädchen) Françoise, wenn sie mich in die Anlagen der Champs-Élysées führte, mir empfahl, nicht so dicht an den Häusern entlangzugehen, damit ich nicht Dachziegel auf den Kopf bekäme, wobei sie seufzend von den großen Naturkatastrophen und Schiffbrüchen sprach, über die die Zeitungen zu berichten wussten.«

Die erwähnten »Anlagen der Champs-Élysées« sind ein Dreh- und Angelpunkt von *Unterwegs zu Swann*. Und sie sind ein zentraler Ort in der realen Pariser Stadtlandschaft, an dem der planerische Gedanke der Prachtboulevards schon vor Haussmann mit Optionen der Gartengestaltung verbunden war. »Würde sie überhaupt wieder in die Anlagen der Champs-Élysées kommen?«, fragt der junge Verliebte bei Proust, der selbst die Verbindung zwischen »dem kleinen steilen Pfad in Cambray« und »dem Rasenplatz der Champs-Élysées-Anlagen« herstellt und damit elegant den Bogen vom städtischen Leben auf dem Lande (sprich: in der Natur oder doch zumindest umgeben von ihr), nämlich Cambray, in die rudimentäre Schwundstufe einer Naturerfahrung im innerstädtischen Raum schlägt, sprich: die städtische Grünanlage, hier als »Rasenplatz der Champs-Élysées-Anlagen«.

Diese Anlagen waren im Zuge der Umgestaltung der Place de la Concorde und der Champs-Élysées entstanden. Den Auftrag hatte auf Vermittlung Alexander von Humboldts der Kölner Jakob Ignaz Hittorff (1792–1867) erhalten. Der Name steht für die Umgestaltung von Paris vor Haussmann. Im Sommer 1828 hatte der König (es war gerade Karl X., dessen autoritäres Gebaren die Juli-Revolution von 1830 provozieren sollte) per Dekret die Gärten der Champs-Élysées und das Gelände der späteren Place de la Concorde der Stadt Paris zum Geschenk gemacht, verbunden mit der Auflage, die Anlagen zu verschönern. Diese stammten in den Grundzügen noch von André Le Nôtre. »Wasser, Luft und Schatten für die Pariser« lautete das Motto der Umgestaltungsaktion.

An der Place de la Concorde arbeitete Hittorff, der später die Gare du Nord (1861–66) bauen sollte, ab 1835. Er erhielt zudem den Auftrag, an den Champs-Élysées zwei Rundbauten zu entwerfen: einen Cirque d'Été und ein Panorama. Für die Place de l'Étoile, das andere Ende der Prachtstraße Champs-Élysées, machte Hittorff ebenfalls Pläne. Sie fanden allerdings keine Berücksichtigung. Das wusste Haussmann zu verhindern, der in Hittorff einen Rivalen ausgemacht hatte. Hin und wieder ist es diesem aber gelungen, sich beim Kaiser als dem obersten Dienst- und Bauherren in Fragen der Hauptstadtplanung gegen Haussmann durchzusetzen. So war Hittorff anfangs an jenem Garten-Projekt beteiligt, das dem Kaiser besonders am Herzen lag: der Umwandlung des Bois de Boulogne in einen Pariser Hyde Park. Die ersten Entwürfe dafür stammen von ihm, nicht von Haussmann. Doch am Ende drängte Haussmann Hittorff immer weiter an den Rand. Schließlich musste der Deutsche sogar mit ansehen, wie die Champs-Élysées, anscheinend ohne Wissen des Kaisers, 1858 in einen Englischen Garten verwandelt wurden. Für diese Umgestaltung, die man als offen feindlichen Akt gegenüber Hittorff mit den subtilen Waffen der Gartenkunst interpretieren kann, engagierte Haussmann Jean-Charles Alphand. Die Umplanung der Gärten im englischen Stil erscheint an dieser Stelle allerdings, von der Animosität gegen Hittorff abgesehen, wenig motiviert. Die Hittorffschen Gebäude sowie die Ausstattung der Parkanlage waren über die formal-geometrische Struktur aufeinander bezogen gewesen und jetzt ihres Bezugsystems beraubt. So ist der »Rasenplatz der Champs-Élysées-Anlagen« entstanden, den Marcel Proust als Schauplatz der schmerzlichen Sehnsucht seines Erzählers nach der angebeteten Gilberte literarisch unsterblich gemacht hat.

Richtung Westen geht die Place de la Concorde in die Champs-Élysées über. Im Osten grenzt sie an einen der wichtigsten Pariser Gärten: den Jardin des Tuileries. Dessen Umgestaltungen im 19. Jahrhundert haben die optische Täuschung erzeugt, es handele sich um die Gartenanlage des Louvre, weshalb sich Touristinnen und Touristen seit Generationen fragen, warum der Garten des Louvre Jardin des Tuileries heißt. Tatsächlich konkurrierten im Herzen von Paris architektonisch zwei Residenzschlösser miteinander, nachdem Katharina von Medici, die Frau Heinrichs II., in der Nachbarschaft des traditionellen Königsschlosses, des Louvre, an der Stelle einer alten Ziegelei (*tuilerie*) ab 1564 einen

Palast im Stil der italienischen Renaissance bauen ließ. Pläne, beide Schlösser zu einer riesigen Palastanlage zu verbinden, hatte schon Heinrich IV. gehabt. Wirklichkeit wurden sie im 19. Jahrhundert unter Napoleon III., der von Anfang an keine Scheu vor städtebaulichen Großprojekten hatte. Doch dann brachte das erneute Aufbegehren gegen die monarchische Obrigkeit, diesmal gegen ihn als Kaiser, im Mai 1871 das endgültige Aus für das Tuilerienschloss. Es wurde in Brand gesteckt. Pläne, es wieder aufzubauen, wurden fallengelassen.

Der Tuilerienpalast diente als königliche Residenz, nachdem die Revolutionsregierung den Hof 1789 gezwungen hatte, von Versailles nach Paris zu übersiedeln. Die Revolutionäre hatten das Schloss zum nationalen Eigentum erklärt. Ab dem 6. Oktober 1789 war es der Wohnsitz der königlichen Familie, zunehmend eine Art Gefängnis. Die Revolutionäre schränkten die Hofhaltung immer weiter ein. Streit entbrannte darum, ob die Gärten exklusiv der königlichen Familie zur Verfügung stehen sollten. Schließlich war die Selbstinszenierung im Garten immer ein zentraler und vor allem ein besonders wirkungsvoller Bestandteil der repräsentativen Hofhaltung. Am Ende wurde eine kleine Ecke des Tuileriengartens mit blauweißrotem Band für die königliche Familie abgesperrt, während die weitläufige Anlage für die Bevölkerung offen blieb – ein unübersehbarer Akt der Demütigung. Man entfernte die Blumen aus den Parterres und pflanzte Gemüse in die Geometrie der Beete, mit dem die Krankenhäuser der Stadt versorgt wurden. Entlang der Wege öffneten Buden und Läden. Schließlich wurde der Garten in Jardin National umbenannt. So vollzog sich die Revolution konkret in und an diesem zentralen Pariser Garten. Das war in dieser Hinsicht aber noch nicht der Höhepunkt.

Am 10. August 1792 kam es zum Sturm auf den Tuilerienpalast. Das Schloss war traditionell Sitz der

Schweizergarde, einer Spezialeinheit von Soldaten aus der Schweiz, die für die Sicherheit des Königs und seiner Familie zuständig war. An jenem Augusttag stürmten Aufständische den Palast, unterstützt von der revolutionären Regierung der Stadt Paris. Den König und seine Familie brachte man in die Räume der Nationalversammlung, die ebenfalls im Tuilerienpalast untergebracht war. Die Schweizer verteidigten das Schloss. Es war ein letztes Gefecht. Die Verluste waren hoch. Der Sturm auf die Tuilerien entfesselte ein hohes Ausmaß an Gewalt. In den Annalen der Französischen Revolution wird das Ereignis als *Massaker vom 10. August* geführt. Der Geschichtsschreibung gilt es als Wendepunkt von der ersten, gemäßigten zur zweiten, radikalen Phase der Revolution. Bis zu 1 000 Angehörige der Schweizergarde verloren ihr Leben. Manche von ihnen wurden auf grausame Weise regelrecht geschlachtet. Körperteile wurden aufgespießt und als Trophäen herumgetragen. Verstörende Berichte von Gräueltaten kursierten nach den Ereignissen. Die Toten, anscheinend auch Sterbende, wurden in den Garten gebracht und entlang der Wege gestapelt. Ruth Scurr versucht, sich das sehr konkret vorzustellen: »Der Kontrast zwischen der geometrischen Präzision der Gartenanlage mit ihren gepflegten, symmetrisch beschnittenen Büschen und den Körpern der Toten und Sterbenden war schockierend.« Sie ist in einem umfangreichen Buch der These nachgegangen, Napoleon I. sei zeit seines Lebens immer wieder nachhaltig von Gartenerlebnissen beeindruckt und geprägt gewesen. »Das Gärtnern«, schreibt sie, »war die erste und die letzte Leidenschaft Napoleon Bonapartes.« Am 10. August 1792 war er, damals noch Offizier der französischen Armee, in Paris. Er hatte vom Sturm auf den Tuilerienpalast gehört, sich dorthin begeben und in den Garten führen lassen. Ruth Scurr hält das Bild der gestapelten Toten in der Geometrie des Parterres für einen der prägenden Eindrücke im Leben des späteren Generals, Konsuls und Kaisers.

Palastintendant und Erster Gärtner der Tuileriengärten unter König Heinrich IV. war Jean Le Nôtre (oder Le Nostre). Er nahm ab 1594 erste größere Umgestaltungen vor. Unter Ludwig XIV. erbte der Sohn die Position vom Vater: André Le Nôtre. Er verlieh den Tuileriengärten im Wesentlichen die Gestalt, die sie heute noch beziehungsweise seit ihrer historischen Rekonstruktion in den Achtzigerjahren des 20. Jahrhunderts wieder haben.

Ebenfalls als eine Art nationalen Garten könnte man den Jardin des Plantes bezeichnen. Bis in die Zeit der Renaissance hinein hatten viele städtische Gärten medizinisch-pharmakologische Wurzeln und Funktionen, so auch der 1626 begründete Jardin des Plantes Médicinales, der 1635 als Jardin du Roi für das Publikum geöffnet wurde. Zunächst waren es also nicht Gärtner, sondern die Leibärzte des Königs, die diesen Garten prägten. Auf dem Gelände wurden außerdem Chirurgen ausgebildet. 1739 wurde der legendäre Naturforscher Georges-Louis Leclerc de Buffon zum Direktor des Gartens bestellt. Er blieb in dieser Position bis 1788 und baute den Garten aus.

Während der Revolutionsjahre kann man sich den Jardin des Plantes, etwas abseits im Süden der Stadt gelegen, als eine friedliche Oase vorstellen, ein Gegenbild zu den von den verschiedenen Mächten instrumentalisierten blutgetränkten Tuileriengärten. Außerdem bescherte die Revolutionsregierung dem Jardin des Plantes eine zusätzliche Funktion. Im Jahr I der neuen Zeitrechnung beschloss die Nationalversammlung ein Gesetz, das Privatpersonen untersagte, exotische Tiere zu halten. Das war unter exzentrischen Adeligen weit verbreitet. Die Tiere waren nun an staatliche Stellen zu übergeben, entweder für eine Haltung zu wissenschaftlichen

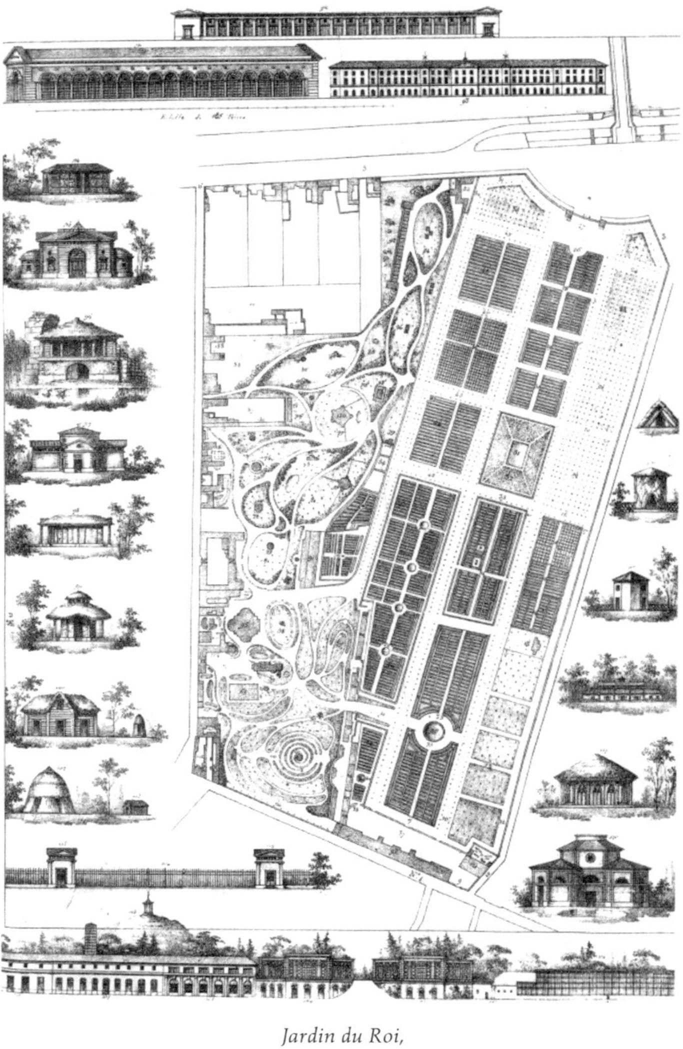

Jardin du Roi,
Plan von Gabriel Thouin

Zwecken oder zur Präparation. Sofern sie nicht in der früheren Ménagerie du Roi in Versailles unterkamen, verbrachte man sie in den Jardin des Plantes. Darunter waren auch jene Tiere, die Marie Antoinette in Versailles gehalten hatte. Obwohl im Jahr III aufgrund akuten Futtermangels viele Tiere eingingen, entstand doch dauerhaft die Ménagerie du Jardin des Plantes, die als erster wissenschaftlich geleiteter Zoo der Welt gilt. Es war eine Art revolutionärer Arche, die all die im Zuge einer groß angelegten Entprivatisierung freigesetzten Tiere aufnahm. Von Beginn an bestanden die Direktoren des Jardin des Plantes auf einer naturnahen und, so gut man es damals wusste, artgerechten Haltung. Als revolutionäres Projekt war die Ménagerie im Jardin des Plantes von Anfang an für das Publikum geöffnet, bei freiem Eintritt. So wurde aus einem revolutionären Befreiungsprojekt für exotische Tiere eine der Keimzellen einer besonders erfolgreichen Nebenlinie des Systems Englischer Garten, des Zoos. Als Bestandteil des Muséum national d'histoire naturelle spielte die Ménagerie du Jardin des Plantes im Verlauf des 19. Jahrhunderts für die Wissenschaft eine ebenso große Rolle wie als Ausflugs- und Bildungsort. Der Bestand an Tieren wuchs kontinuierlich. Einigen von ihnen hat Rainer Maria Rilke im ersten Jahrzehnt des 20. Jahrhunderts Gedichte gewidmet. Das bekannteste von ihnen ist *Der Panther*. Untertitel: *Jardin des Plantes, Paris*.

Nicht nur das 17. Jahrhundert hatte in Paris mit den Le Nôtres seine nationale Gärtner-Dynastie, sondern auch das 19. *Jardinier en Chef du Cabinet Royal d'Histoire Naturelle,* also Chefgärtner im Jardin des Plantes, war Jean-André Thouin. Er hatte vier Söhne, die alle auf dem Gelände geboren wurden. Zwei von ihnen haben die französische Gartenkunst im Allgemeinen und die Geschicke ihres Geburtsortes, des Jardin du Roi, im Besonderen maßgeblich beeinflusst: André, Jahrgang 1747, machte eine Ausbildung zum Botaniker und bekam, obwohl erst 17 Jahre alt, nach dem Tod des Vaters dessen Stelle angeboten. Sein Bruder Gabriel, 1754 geboren, ging ebenfalls beim Vater in die Lehre und wurde im Jardin du Roi angestellt. Sein Bruder betraute ihn mit der Planung einer anstehenden Vergrößerung der Anlagen. Dabei ist ein interessantes Dokument entstanden, ein Plan, der die komplexe Lage der Gartenkunst im Frankreich jener Zeit, vor allem im Großraum Paris repräsentiert. Er zeigt, wie produktiv der Wettstreit zwischen formalen Anlagen und Landschaftsgärten sein konnte. Die geometrische, meist symmetrische Ordnung, die bislang alle Gartenpläne geprägt hatte, ist aufgegeben, aber gedanklich nicht über Bord geworfen. Sie bestimmt den Plan weiterhin als Grundidee, lässt aber die Integration nicht-formaler Elemente zu. Der von Gabriel Thouin entworfene neue Jardin des Plantes (der so nie realisiert wurde, aber die Idee lässt sich im Kern in der heutigen Anlage noch erkennen) gliedert sich in zwei mehr oder weniger gleichwertige Hälften, eine *französische* für die Pflanzen und eine *englische* für die Tiere. Im Detail ist einiger planerischer Aufwand zu erkennen, um die beiden Areale nicht als Opposition, sondern als zwei Flügel einer Anlage im harmonischen Zusammenspiel erscheinen zu lassen. Eine Reihe von Gewächshäusern hätte hinzukommen sollen, in denen der Botaniker André Thouin das Projekt einer postrevolutionären Arche für Pflanzen unterbringen wollte, ein Pendant zur Ménagerie für die Tiere. Dafür hatte André Thouin unmittelbar nach der Revolution Gärten von enteigneten Adeligen nach exotischen Pflanzen durchforstet. Sie hätten in den langgestreckten Gewächshäusern ein neues klimatisches Zuhause finden sollen. Das Projekt war allerdings zu teuer. Dafür ging André Thouins botanisches Wissen in die *Encyclopédie* von d'Alembert und Diderot ein. Noch nach der Revolution, auf deren Seite er sich früh geschlagen hatte, blieb André Thouin einer der einflussreichen Botaniker des Landes. Sein Bruder Gabriel Thouin wurde ein bedeutender Kommentator und Gestalter romantischer Landschaftsgärten.

Der Landschaftsgarten war inzwischen im Pariser Raum etabliert. Anders als in anderen Regionen Europas wurde er allerdings nicht als radikale Alternative zum französischen Modell verstanden, sondern als Erweiterung, als Fortentwicklung, die ihren Kern, den formalen Garten, nicht hinter sich ließ, sondern ergänzte. Ab den 1780er Jahren wurden nicht-geometrische Anlagen zum festen Bestandteil der Physiognomie der französischen Hauptstadt. Der berühmteste der frühen Gärten *à l'anglais* ist der Parc Monceau im 8. Pariser Stadtbezirk. In ihm hat der heranwachsende Marcel Proust frische Luft geschnappt. Die Künstlichkeit dieser nachgeahmten Natur hat sein Bild vom Verhältnis zwischen Stadt und Park sowie zwischen Stadt und Land (also Kultur und Natur) geprägt. Die Anlage geht auf Louis-Philippe-Joseph, Herzog von Orléans und Chartres zurück, einen Cousin Ludwigs XVI. Ab 1769 ließ der Herzog an dieser Stelle einen französisch formalen Garten anlegen. Ihn verband jedoch eine besondere Freundschaft mit dem Prince of Wales, dem späteren König George IV. Damit ging eine generelle Vorliebe für alles Englische einher, während der Herzog mit dem französischen Hof, namentlich mit Königin Marie Antoinette, über Kreuz lag. Es war also ein Statement, eine Art Geste der Opposition innerhalb des allerhöchsten Adels mit Mitteln, die in dieser Form nur eben diesem Adel zu Gebote standen, als der Herzog 1785 den schottischen Landschaftsgärtner Thomas Blaikie damit betraute, seinen Pariser Garten im englischen Stil neu zu gestalten. Eine ägyptische Pyramide wurde errichtet, eine holländische Windmühle, ein chinesischer Tempel und andere Staffagebauten. Sie erhielten in Anspielung auf den Bauherren den Spitznamen »folies du Chartres«. Bis heute heißen im französischen Diskurs Gartengebäude, -tempel und -attrappen in Englischen Gärten *folies,* wörtlich übersetzt: Verrücktheiten.

Wie der Jardin des Tuileries wurde der Parc Monceau 1789 zum gemeinnützigen Eigentum erklärt und von der Bevölkerung als innerstädtischer Erholungsort begeistert angenommen. Napoleon Bonaparte der Erste, ließ den Park für seinen Sohn, den *König von Rom,* restaurieren. 1852 erhielt die Familie d'Orléans die Hälfte des Grundstücks zurück. 1860 kaufte die Stadt Paris das Areal. Der Park wurde zum Bestandteil des städtischen Gartenkonzepts von Haussmann und Napoleon III. Wie in anderen Fällen ließ Haussmann einen Teil des Geländes als Baugrund verkaufen und finanzierte so weitere Umbauprojekte, aber auch die Neugestaltung und den Erhalt des Gartens. Ausführender Gartenarchitekt war Jean-Charles Alphand. Am 13. August 1861 wurde der neue Parc Monceau von Napoleon III. eröffnet.

Im Masterplan der Stadt, wie sie Napoleon III., Haussmann und Alphand vorschwebte, wirkte die Symmetrie als Gedanke im Hintergrund stets mit. Dafür steht zum Beispiel die Spiegelung des Bois de Boulogne im Bois de Vincennes an den Rändern der neuen Stadt. Innerstädtisch entstand als eine Art Pendant zum Parc Monceau im mondänen Pariser Westen im 19. Arrondissement im Nordosten der Stadt auf dem Gelände einer ehemaligen Mülldeponie und eines nicht mehr genutzten Steinbruchs der Garten Buttes-Chaumont im englischen oder, in der französischen Terminologie, englisch-chinesischen Stil. Er wurde anlässlich der Weltausstellung 1867 eröffnet. Mit dem Parc Montsouris im 14. Arrondissement kam schließlich ein weiterer Englisch(-Chinesisch)er Garten à la Haussmann und Alphand hinzu, diesmal auf dem Areal eines aufgelassenen Steinbruchs, der in Teilen als Friedhof genutzt worden war.

So erhielt die Stadt Paris unter Napoleon III. und Haussmann zahlreiche Parks und Gärten »geschenkt«, wobei die Beschenkten nicht gefragt wurden. Die Gestaltung war, so Esther da Costa Meyer, »politische Propaganda für das Regime und ein homöopathischer Versuch sozialer Harmonie«. Auf der anderen Seite zögerte Haussmann nicht, alte Gärten oder Teile historischer Anlagen einzuebnen, wenn sie seinen Planungen in die Quere kamen. Am Ende war es ein solcher Übergriff auf einen Garten, der die Stadt endgültig gegen Haussmann aufbrachte. Die Pariserinnen und Pariser hatten die Haussmannisierung keineswegs einfach hingenommen, doch Proteste wurden schlicht übergangen. Und sie wurden nie so drängend, dass das nicht möglich gewesen wäre – bis es einen jener Gärten traf, die der Bevölkerung besonders am Herzen lagen: den Jardin du Luxembourg.

Dessen Anfänge gehen auf Maria von Medici zurück. Nach der Ermordung ihres Mannes Heinrich IV. ließ sie hier als Witwensitz ein Renaissanceschloss nach Vorbild des Florentiner Palazzo Pitti und einen Garten errichten. Dieser wuchs wie viele Gärten über die Jahrhunderte, wurde immer wieder um Partien im Stil der jeweiligen Zeit erweitert. So war der Jardin du Luxembourg im 19. Jahrhundert sehr viel ausgedehnter als die kleine, heute noch erhaltene Partie. Haussmann opferte – per Erlass vom 26. November 1865 – den weitläufigeren Teil des Parks einschließlich einer Baumschule und eines botanischen Gartens, für eine seiner Perspektiven und mehrere neue Straßen (darunter die Rue Auguste Comte). Das erregte Empörung. Petitionen wurden eingereicht. Der Präfekt musste sich sogar vor dem Parlament verantworten. Ein Kritiker schrieb, man könne den Jardin du Luxembourg genauso wenig beschneiden wie Veroneses Hochzeitsbankett in Kana im Louvre. Gerettet hat es den Park nicht. Doch die Götterdämmerung des

Kaiserreichs hatte eingesetzt. Haussmann war bald nicht mehr zu halten. Am 5. Januar 1870 entließ der Kaiser den Präfekten. Nur Monate später entließ das Volk den Kaiser. In der Schlacht von Sedan am 1. und 2. September 1870 hatten deutsche Truppen unter preußischem Kommando über 100 000 Gefangene gemacht. Zunächst hatten sie gar nicht realisiert, dass der Kaiser unter ihnen war. Die Bevölkerung von Paris erklärte Napoleon III. für abgesetzt. Die Stadt wurde von deutschen Truppen belagert. Die Deutschen wollten unbedingt einen endgültigen Sieg über Frankreich herbeiführen. Ihr Hauptquartier hatten sie in Versailles eingerichtet.

Victor Hugo schrieb zum verlorengegangenen Jardin du Luxembourg, die neuen Straßen seien nicht nur hässlich, sondern auch überflüssig. Von der einst so schönen Anlage seien »nur eine Wiese und ein baufälliger Mauerrest« übriggeblieben, »kaum eines Blickes wert«. Und schließlich, so Victor Hugo, »landete im Januar 1871 eine preußische Granate just in diesem Erdenwinkel und führte die Verschönerung fort – Bismarck vollendete also, was Haussmann begann«.

Im Januar 1871 wurde in Versailles vor dem akustischen Hintergrund des Geschützdonners der Belagerung von Paris ein neuer Kaiser ausgerufen, diesmal allerdings ein deutscher.

Oder die Liebe zur Geometrie

Vaux-le-Vicomte, Versailles, Chantilly

»Die Gärten von Versailles sind in der Tat wie ein Weltwunder«, schwärmt Karl Scheffler 1925 in seinen Paris-Notizen. »Sie sind eine hohe Schule von Perspektivwirkungen.« Abbé Laugier war 175 Jahre zuvor weniger überzeugt von der Ästhetik des französischen Hof- und Regierungssitzes, obwohl er deren Grundlinien in seinem *Essai sur l'Architecture* in eine visionäre Idee von Architektur und Städtebau verlängerte und sich dabei ausdrücklich auf André Le Nôtre berief. Mit analytischer Ironie befand er: »Wenn Reichtum und Marmor, wenn eine unter einem übertriebenen System von Symmetrie und Prachtentfaltung erstickte und begrabene Natur, wenn das einmalige, das Außergewöhnliche, das Gekünstelte und das Aufgeblasene die Schönheit eines Gartens ausmachen, dann verdient Versailles den Vorzug vor allen anderen.«

Genau besehen haben beide Recht. Tatsächlich sind die großen Gärten von André Le Nôtre nicht nur eine hohe, sondern die höchste »Schule von Perspektivwirkungen«, die die Gartenkunst hervorgebracht hat. Zu dem ausgeklügelten System aus Terrassen, Treppen, Hecken und Alleen kommen Kanäle und Wasserspiele hinzu. Diese Anlagen sind in ihrer Neuartigkeit, in der Komplexität der Berechnung und in der Prägnanz ihrer Wirkungen nie überboten oder auch nur eingeholt worden. Das Konzept wurde bald in ganz Europa nachgeahmt. In diesen Nachahmungen verbreitete sich der erste, oberflächliche Eindruck, den diese Gärten machen, nicht aber die Kunst der Tiefenwirkungen im Raum und die dramaturgische Raffinesse, die Le Nôtres Gärten zu *dem* neuen Medium des Barock werden ließen.

Der Garten von Versailles wurde über Jahrzehnte erweitert und dabei mit architektonischen und anderen nicht-gärtnerischen Elementen überformt, vor allem mit Skulpturen. Sie dienten nicht in erster Linie der Inszenierung der Natur, sondern sollten das Gartenpublikum vielmehr mit politischen Programmen und gesellschaftlichen Ideen infiltrieren. Organisierende Zentren dieser Botschaften sind zwei Brunnenanlagen, die eine knapp unterhalb des höchsten, die andere am niedrigsten Punkt der zentralen Achse. Sie geben das Thema vor, dem sich alle anderen signalgebenden Inszenierungen im Park unterordnen.

Da ist zunächst gleich unterhalb der Terrasse als eine Art Motto zu dem sich auftuenden Blick in die künstliche Landschaft das Latona-Parterre mit dem Latona-Brunnen. Latona, griechisch Leto, war eine Geliebte des Zeus. Als sie mit Zwillingen schwanger war, versuchte Zeus' Gattin Hera in ihrer Eifersucht, die Geburt zu verhindern. Unter einer Palme auf der Insel Delos wurde Leto doch noch von Artemis und Apollo entbunden. Auf der Flucht von Delos verboten Bauern der Mutter, aus einem See zu trinken. Daraufhin wurden sie in Frösche verwandelt. Diese Frösche hocken nun zu Letos Füßen und speien für den Rest der Zeit Wasser. Gedemütigt nehmen sie den ihnen zugewiesenen Platz im Ritus der Verehrung Letos ein, der Mutter von Apoll. Der olympische Gott ist Thema und Bezugspunkt sämtlicher Brunnenanlagen in Versailles. Der Sonnengott ist das einzige Gegenüber, das der Sonnenkönig Ludwig XIV. akzeptierte. Aus dem Brunnen am niedrigsten Punkt der zentralen Achse, die vom Palast zum Horizont, zum Sonnenaufgang reicht, entsteigt Apoll dem Wasser.

Diese Botschaft der Gärten von Versailles geht auf das Konto des Bauherrn, nicht unbedingt auf das des Gartenarchitekten. Während Ludwig XIV. in seinem großen neuen Gartenkunstwerk einen zentralen, vielleicht sogar den wichtigsten Ort der Repräsentation und der Formulierung seines absoluten Herrschaftsanspruchs sah, bot es zugleich Raum für André Le Nôtre, eine gärtnerische Idee zu entwickeln und ein neuartiges, zeitgemäßes Verhältnis zwischen Mensch und Natur in einem Raumkunstwerk zum Ausdruck zu bringen. Das lässt sich in dem Dreischritt von Vaux-le-Vicomte über Versailles nach Chantilly heute noch nachvollziehen.

Die Botschaft des Königs hallt am Ende lauter nach als die des Gärtners. Aus gartenhistorischer Sicht erweist sich allerdings die Leseart, es handele sich hier in erster Linie um eine Unterwerfung der Natur, stellvertretend für die Unterwerfung des Menschen durch ein absolutistisches System, um eine nachträgliche Interpretation, letztlich eine Überfrachtung, eine Instrumentalisierung des Gartenkunstwerks für ihm eigentlich wesensfremde Zwecke. Diese hinzugefügte Botschaft gewann allerdings zunehmend an Bedeutung, erst recht in den Nachahmungen des Modells, das in Vaux-le-Vicomte und in Versailles entstand. Den meisten dieser Nachahmungen lagen Stiche zugrunde, also zweidimensionale Abbildungen, oft aus der Vogelperspektive. Sie transportieren das raffinierte Spiel mit dem Raum, die Überraschung durch Tiefenwirkungen und optische Täuschungen kaum, die Le Nôtres Kunst im Umgang mit der Natur charakterisiert. Sooft diese Gärten abgebildet wurden und werden – nur der Besuch vor Ort wird dem dramaturgischen Nacheinander im Raum gerecht. Kein Stich, kein Gemälde, kein Selfie, kein Film und keine *virtual reality* kommt dem nur annähernd nah, was man erlebt, wenn man sich auf die Magie der Räume einlässt, die Le Nôtre in der Natur erfunden hat.

Le Nôtre hätte vielleicht sogar behauptet, diese Räume nicht *er*funden, sondern *ge*funden zu haben. Ihrem Selbstverständnis nach arbeitete die erste Generation der französischen Barockgärtner an einer größtmöglichen Annäherung an die Natur, die Kunst bis dahin erreicht hatte. Dazu gehörte, dass die begrenzenden Mauern nicht mehr aus Stein waren, sondern aus Pflanzen, also lebendige Natur, zu Hecken in Form gebracht. Antoine-Joseph D. d'Argenville, der wichtigste zeitgenössische Autor zum Barockgarten, bemerkt in seinem Standardwerk zu dessen Theorie und Praxis immer wieder, dass man sich bei der Gartengestaltung eher an der Natur als an der Kunst orientieren solle, ja dass die Kunst vor allem zu einer Verstärung des Natürlichen einzusetzen sei. Dass das einer schreibt, der die geometrische Beschneidung von Büschen zu Hecken und die Anordnung von Bäumen zu Alleen anordnet, mag auf den ersten Blick überraschen. Aber man sah damals in der Verbindung von Natur und Kunst in beschnittenen Sträuchern und in Alleen zu Quadern geformter Bäume vor allem den natürlichen Anteil, nicht so sehr den künstlichen. Der Gärtner verhalf der Natur, ihr Potential an Schönheit sichtbar werden zu lassen. Das war das Selbstverständnis eines Barockgärtners der ersten Generation. Dahinter stand ein Schönheitsideal, das einem System von Wissenschaft und Wahrheit untergeordnet war, das in der Mathematik die höchste Instanz erkannt hatte. Sinnlich angewandt, etwa im Garten, bedeutet es: Geometrie.

Der Barockgarten französischer Prägung (parallel bildete sich in den Niederlanden eine eigene Variante einer Geometrisierung der Natur heraus) erreicht im Werk von André Le Nôtre, ja in dessen erster eigener Gartenschöpfung in Vaux-le-Vicomte, gleich seinen Höhepunkt. Die lange Geschichte des Gartens *à la française* in Europa bringt eine Vielzahl schöner, besonderer, zum Teil

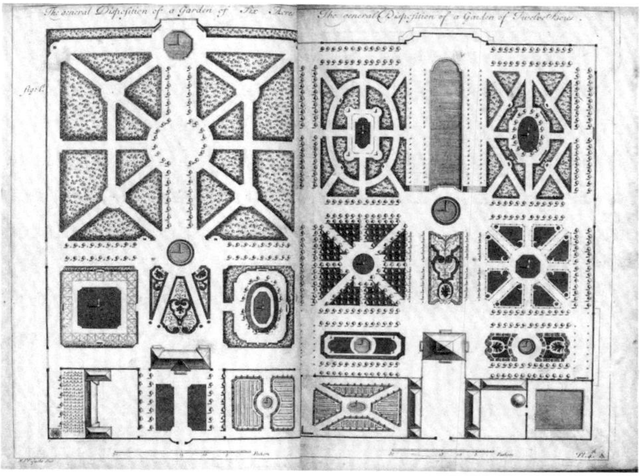

Doppelseite aus Antoine-Joseph Dezallier d'Argenville, *La théorie et la pratique du jardinage* … Nouvelle edition

großartiger Anlagen hervor. Aber keine von ihnen hat die mathematisch-physikalische und gleichzeitig ästhetische Durchdringung der Natur als Material derart spektakulär und mit so viel Gespür für eine erzählende Dramaturgie im Nacheinander geometrischer Räume verbunden wie die großen Le-Nôtre-Gärten.

Auf dem Terrain der deutschen Länder bildete sich eine eigene Form des Barockgartens heraus. Das hat nur zum Teil damit zu tun, dass Gartenmodelle der jeweiligen landschaftlichen Umgebung angepasst wurden, sobald sie sich in andere Regionen ausbreiteten. Der neue Garten wurde hier zum Zeichen eines historischen Umbruchs. Er war, mehr noch als die barocke Architektur, das Emblem einer neuen Zeit. Dass der neue Garten gerade im Gebiet der deutschen Staaten so vielfältige Spuren hinterließ, hat mit der geopolitischen Situation zu tun. Bis 1648 hatte der Dreißigjährige Krieg, in dessen Verlauf marodierende Heere in verschiedenen Richtungen durch die entsprechenden Staaten gezogen waren, ganze Landstriche im Wortsinn verheert. Der Krieg ist der größte Feind des Gartens. In Kriegszeiten werden Gärten vernachlässigt, zerstört, danach oft nicht wieder aufgebaut. So glich die deutsche Gartenlandschaft, in die bei Kriegsausbruch 1618 gerade der Geist der italienischen Renaissance einzuziehen begann, bei Kriegsende weitgehend einer *tabula rasa*. In den Jahrzehnten seit der Wende zum 17. Jahrhundert hatte sich außerdem ein Wandel der gesellschaftlichen Strukturen vollzogen: weg vom Feudalsystem hin zum Absolutismus. Für Deutschland bedeutete das nicht etwa die Stärkung zentralistischer Instanzen wie der Institution des Kaisers oder größerer Landschaftsverbände, sondern im Gegenteil ein Aufblühen regionaler und lokaler Mächte. Es entstand ein Flickenteppich mittelgroßer, kleiner und kleinster Länder, die berüchtigten Duodezfürstentümer, so benannt nach dem kleinsten Buchformat, für das nicht vier Seiten wie beim Quart- oder acht wie beim Oktav-Band, sondern zwölf Seiten aus einem Druckbogen gebrochen wurden. Das weithin sichtbare Zeichen der gesellschaftlichen Neuorientierung in den deutschen Fürstentümern jedweder Größe war die Wiederherstellung verschwundener Gärten, und zwar in dem neuen Stil, durch den der neue Geist wehte. So kam es zu der großen Zahl von Barockanlagen in der Mitte Europas, die einander an Ausdehnung, Pracht und Originalität zu übertrumpfen versuchten.

Vor 1650 hatte in ganz Europa das Gartenmodell *à l'italianità* vorgeherrscht. Es war ein Sendbote der Renaissance und der Verbindung neuartiger Ideen, die wir unter dem Namen Humanismus zusammenzufassen gewohnt sind. Der Italienische Garten war im Zuge der Öffnung der Wissenschaften und aller Künste gegenüber der Natur entstanden. Dies geschah einerseits in Botanischen Gärten, von denen der erste 1545 in Padua entstand. Vor allem aber wurden im Zuge der *villeggiatura*, einer neuen Landhauskultur in Anlehnung an die Villenarchitektur der Antike, neue Gartenkonzepte entwickelt. Die antike Villa war, das wusste man, untrennbar mit einem Garten verbunden gewesen. Das galt im Rahmen der Wiederbelebung der Idee auch für die Villen der Renaissance. In deren Gärten wurde die Natur in Form von Pflanzen in die unmittelbare Nachbarschaft des Hauses geholt und dort in geometrischen Formationen ausgestellt und inszeniert. Gleichzeitig öffnete sich die Architektur der Natur als Landschaft. Dafür stehen architektonische Elemente wie die Loggia, die Terrasse, das Belvedere oder aufwendig gestaltete Treppen. Schließlich entstand der neue Bau- und Gartentyp in den Hügeln um Florenz, Siena und Lucca, dann um Rom. Ein besonders harmonisches und eindrucksvolles Beispiel entstand in Pienza, der dortige Palazzo Piccolomini. Die exponierten Hanglagen boten im Gegensatz zu den stickigen Städten in den Tälern frische Luft. Die Bauten sollten (von unten) gesehen werden. Sie waren eine weithin sichtbare Demonstration von Macht und Reichtum sowie von Geschmack und Modernität. In umgekehrter Richtung boten sie einen Fernblick in die Natur, die man als Landschaft ästhetisch zu genießen begann.

Auf einem Kriegszug Richtung Süden lernte der französische König Karl VIII. diese neue Form des kultivierten Landguts kennen. Als er 1495 heimkehrte, gehörten Künstler und Gärtner zu seinem Gefolge. So hielt die Renaissance Einzug in Frankreichs königliche Residenzen. Spätestens unter Karls Nach-Nachfolger Franz I. hatte sie sich als *state of the art* durchgesetzt. Er holte 1516 sogar Leonardo da Vinci nach Frankreich, der in Amboise gestorben und begraben ist. Er hat Pläne für den dortigen Schlossgarten hinterlassen.

Sein Nachfolger Heinrich II. heiratete jene Katharina von Medici, die in Paris den Tuilerienpalast bauen ließ. Später kam als Witwensitz von Maria von Medici, der Frau Heinrichs IV., das Palais du Luxembourg dazu. Beide Bauten eiferten der Villenarchitektur der Renaissance nach und gingen in weitläufige Gärten über. Hier und im königlichen Landsitz Fontainebleau lernte André Le Nôtre bei seinem Vater Jean sein Handwerk. Vater Le Nôtre war als Palastintendant und Erster Gärtner für die Tuileriengärten zuständig. Dort wird sein Sohn André Nicolas Fouquet aufgefallen sein, damals Generalstaatsanwalt von Paris. Fouquet hatte in öffentlichen Ämtern ein stattliches Vermögen angehäuft. Wie anderen Adeligen und hohen Staatsbediensteten war ihm daran gelegen, Status, Macht und guten Geschmack mit der Gestaltung eines Landsitzes zum Ausdruck zu bringen. Die besten Kräfte aller Gewerke sollten in einer gemeinsamen Anstrengung einen Meilenstein in der Geschichte der Landresidenz setzen. Das scheint die Idee gewesen zu sein. Und sie ist auf spektakuläre Weise Wirklichkeit geworden.

Vaux-le-Vicomte

Als Architekt wurde Louis Le Vau verpflichtet, für die Innenausstattung und die Ausmalung der Repräsentationsräume Charles Le Brun und für den Garten der dreißigjährige André Le Nôtre, der von 1653 bis 1661 in Vaux beschäftigt war. Danach setzte das Trio die Arbeit in Versailles fort. Sie wurden darüber zu führenden Künstlern und einflussreichen Persönlichkeiten in ihren jeweiligen Sparten. Le Vau wurde *premier architecte du Roi*, Le Brun Kanzler der *Académie royale de peinture et de sculpture* und Le Nôtre *Contrôleur géneral des bâtiments, jardins, tapisseries, et manufactures de France*.

Im Sommer 1661 war Vaux-le-Vicomte fertig. Wie bei den italienischen Villenbauten waren alle Gewerke von vornherein eingebunden. Es entstand also nicht

Herkules Farnese,
Archäologisches National-
museum Neapel

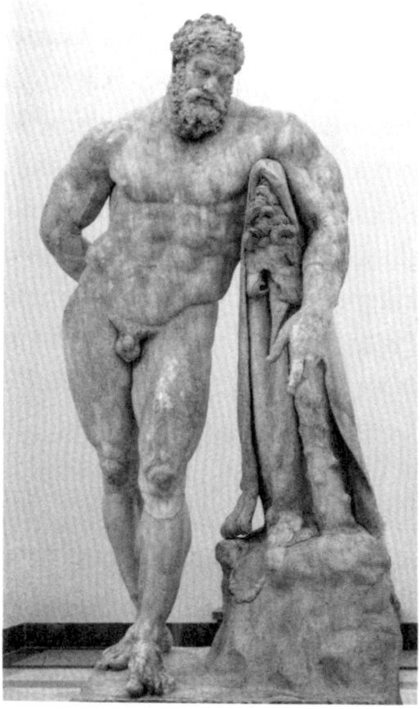

etwa zuerst ein Schloss und danach ein Garten. Schloss, Garten und Innenausstattung wurden als Gesamtkunstwerk verstanden.

Wie bei vielen Gärten der Renaissance und des Barock ist das, was wir heute in Vaux-le-Vicomte sehen, eine Rekonstruktion aus dem späten 19. Jahrhundert, als nach einem Jahrhundert der Dominanz nicht-formaler Landschaftsgärten geometrisch strukturierte Anlagen wieder hoch im Kurs standen. 1875 kaufte der Unternehmer Alfred Sommer das heruntergekommene, verwilderte Anwesen. Er setzte eine dreißig Jahre dauernde Rekonstruktion in Gang, verantwortet von Vater und Sohn Duchêne, Henri und Achille. Erst im Rahmen dieser Rekonstruktion erhielt die zentrale Sichtachse des Parks den Fluchtpunkt, der von Anfang an geplant gewesen war: eine Kopie des Herkules Farnese am dem Haus gegenüberliegenden Ende des Gartens. Als vorletzte der zwölf Aufgaben, die ihm gestellt waren, musste Herkules die goldenen Äpfel aus dem legendären, von den

Hesperiden bewachten Garten stehlen. Es gelang ihm mit Hilfe einer List. Nach getaner Arbeit ruht sich der Herkules Farnese auf seine Keule gelehnt aus. Die drei goldenen Äpfel hält er in der rechten Hand hinter dem Rücken. Mit der Skulptur als geographischem und mythologischem Fluchtpunkt wurde Vaux zum Garten der Hesperiden. Der sagenhaft schöne Garten irgendwo am Ende der Welt wurde vom mythischen zum realen Ort. Aber das war noch nicht alles. Es ging um mehr, wie Le-Nôtre-Biograph Stefan Schweizer bemerkt:

> »Die Überbietung der römischen Antike war ein kunstpolitisches Hauptthema der Zeit, eine Diskussion, die 1687 in der *Querelle des Anciens et des Modernes* (Streit der Alten und Neuen) ihren Gipfelpunkt fand. Nicht weniger aber ging es um die zeitgenössischen Auseinandersetzungen in Politik, Wirtschaft, Kultur und Kunst – Gebiete, auf denen Frankreich das einst führende Italien nunmehr bei weitem übertraf.«

Für beides stehen Vaux-le-Vicomte und André Le Nôtre, über den der *Mercure de France* 1693 schrieb, er sei »auf der ganzen Welt bekannt dafür, dass er die Antike übertrumpft habe«. Damit war weniger die griechische als die römische Antike gemeint, also Italien. Frankreich, so die Botschaft, hatte Italien abgelöst, der französische Barock die italienische Renaissance. Wie so oft war es ein Garten, der einen epochalen Wandel in Gesellschaft Politik, Wissenschaft und Künsten besonders früh, pointiert und eindringlich zum Ausdruck brachte (wie etwa der Garten der Villa Medicea di Castello bei Florenz für die Renaissance oder der Garten von Chiswick House später für die frühe Aufklärung).

André Le Nôtre erfand den französischen Barockgarten, als er sich daran machte, den italienischen Renaissancegarten an die natürlichen Gegebenheiten der heimischen Landschaft anzupassen und gleichzeitig den philosophischen und wissenschaftlichen Neuentdeckungen seiner Generation ästhetisch zum Ausdruck zu verhelfen. Es erwies sich als gar nicht so einfach, ein Gartenmodell, das in den Hügeln um Florenz entstanden war, in die weitgehend flachen bewaldeten Regionen um die königlichen Residenzen an der Loire und an der Seine zu übertragen. Zwei Unterschiede trugen zur Neuerfindung bei: die Topographie und die Bautradition. Französische Schlösser waren meist als Wasserschlösser angelegt. Die Tradition, Schlösser auf dem Land mit Wassergräben zu umgeben, wurde noch in Zeiten fortgeführt, in denen sie längst nicht mehr der Verteidigung dienten. Wie so oft in der Architekturgeschichte wurde aus einer militärischen Notwendigkeit ein Schmuckelement. Beim Umbau der Renaissanceschlösser zu Barockresidenzen wurden aus den Gräben die Wasser- und Kanalsysteme, die die neuen Gärten prägten.

In den französischen Ebenen erhielten diese Gärten anstelle der für die italienischen Renaissancegärten typischen Terrassen erhöhte Promenaden. Von ihnen aus konnte man auf niedriger gelegene gestaltete Flächen hinunterschauen, sogenannte *parterres*. Das Wort leitet sich von *par terre* ab: *am Boden*, oder vom lateinischen *partiri: einteilen*. Beides passt. Aus der Inszenierung eines terrassierten Gefüges in sich geschlossener Gartenräume mit Fernsicht im Italienischen wurde eine Folge ebenerdiger Parterres unterschiedlicher Ausgestaltung im Französischen Garten, die den Übergang von der Architektur in die Natur inszenierte. Anfahrt, Vorhof, Nebengebäude und die nähere Umgebung waren in die Planung einbezogen. An die Stelle des Fernblicks traten in den Wald geschlagene Schneisen, die den Eindruck erweckten, als reiche die Geometrie des Geländes ins Unendliche.

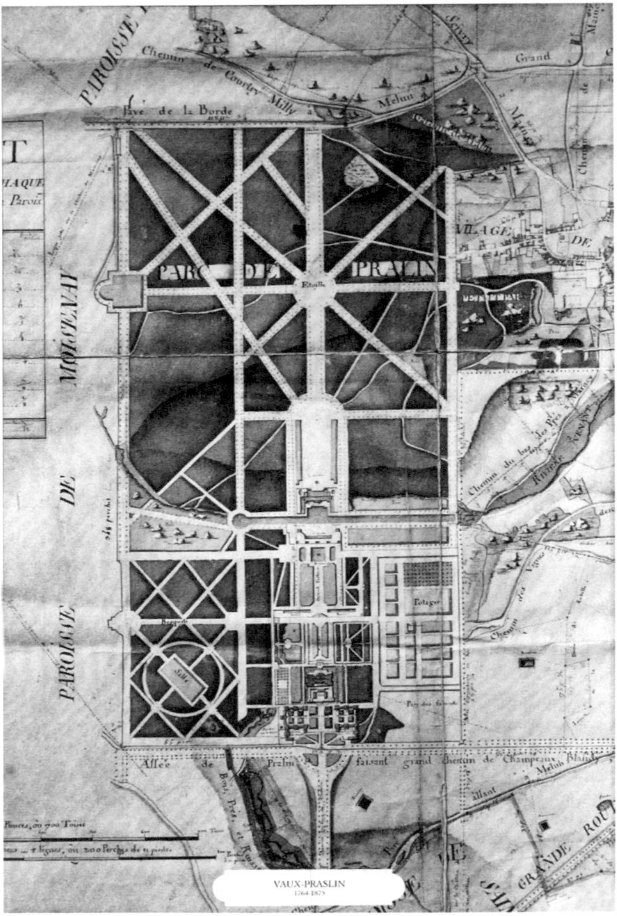

Plan der Domaine Vaux-le-Vicomte,
die zwischenzeitlich Vaux-Praslin hieß, 1875

Um diesen Effekt umsetzen zu können, erfand Dezallier d'Argenville den verborgenen Graben als Gartengrenze, das sogenannte *Aha,* das die englischen Landschaftsgärtner eine Generation später als *Haha* auf raffinierte Weise neu erfinden und zum unverzichtbaren Gestaltungselement ihrer pseudonatürlichen

Kunstlandschaften weiterentwickeln sollten. Der Name geht auf den Ausruf überraschter Spaziergängerinnen und Spaziergänger zurück, die plötzlich aus dem Garten hinaus in die Weite schauen konnten. Während das *Haha* im Englischen Garten des 18. Jahrhunderts die Grenze zwischen gestalteter und ungestalteter Natur auflösen sollte, erlaubte das *Aha* im Barockgarten des 17. Jahrhunderts die spektakuläre Inszenierung von Blickschneisen, die ins Unendliche reichen sollten.

In Vaux-le-Vicomte fuhr Le Nôtre neben gartenästhetischen auch physikalische und technische Mittel auf, um den Blick zu weiten, zu entgrenzen, zu manipulieren, zu überraschen und, vor allem: immer wieder zu täuschen. Er nutzte neueste Erkenntnisse der Optik, der Geographie und der Landvermessung, setzte Lichtbrechungen und Spiegeleffekte ein, um ein in die Tiefe hinein dramaturgisch gestaffeltes Raumerlebnis zu inszenieren. Das 17. Jahrhundert hatte für all das gerade erst die wissenschaftlichen Grundlagen geliefert. Allen voran hatte sich René Descartes, Jahrgang 1596, darangemacht, Wissenschaften und Philosophie grundlegend neu zu denken. Wahre Erkenntnis, so Descartes, vermag nur der Verstand über logische Deduktion zu erreichen. Die Gärten der zweiten Hälfte des 17. Jahrhunderts wirken, als hätten sie Descartes' Philosophie kartographiert und erlebbar gemacht. Die Geometrisierung des Gartens steht sinnbildlich für die rationale Aneignung der Natur als Landschaft und damit der ganzen sichtbaren Welt. Le Nôtres Garten ist ein Triumph der Gedanken von Descartes, das Siegeszeichen der philosophischen Schule des Rationalismus, ein sinnlich erfahrbarer Raum als Inbegriff der neuen Ideen einer neuen Epoche. All das hat in Vaux-le-Vicomte zu seiner Form gefunden.

Auch dieses Schloss ist von einem Wassergraben umgeben. Man nähert sich ihm vom leicht erhöhten Vorhof aus. Die geometrische Bau- und Gartenplanung drängt nachgerade dazu, eine Position in der Mitte des Wegekreuzes zu suchen, das den ummauerten Vorhof durchzieht wie einen mittelalterlichen Kreuzgang-Garten, um die Symmetrie- und die Fernsicht-Effekte optimal zu erfassen. Man blickt den Weg hinunter auf die Schlossfassade, dahinter das Parterre und den ganzen Garten. Der Blick folgt einer imaginären Linie durch die Anlage, an der sie sich (nur auf den ersten Blick spiegelbildlich) auffächert. Vom anderen Ende her erwidert Herkules den Blick. Dass es keineswegs der ganze Garten ist, den man von hier aus überblickt, gehört zu den Überraschungen, die der Gang durch die Anlagen bereithält. Von der Terrasse auf der Gartenseite des Schlosses aus suggeriert ein ebenso spektakulärer Blick, man würde die Gesamtheit der Anlage erfassen. Je tiefer man sich in den gestalteten Naturraum hineinbewegt, desto öfter und nachhaltiger wird man jedoch von unerwarteten Erlebnissen, optischen Täuschungen und manipulierten Raumerfahrungen überrascht.

Am 17. August 1661, Nicolas Fouquet war inzwischen zum Finanzminister aufgestiegen, wurde die Fertigstellung von Vaux-le-Vicomte feierlich begangen. Das Fest ist Legende. 1000 Gäste waren geladen. Der König reiste aus Fontainebleau an. Molière schrieb ein Stück für den Anlass, Jean-Baptiste Lully gleich mehrere Musiken. Es gab ein prächtiges Feuerwerk. All diese Elemente, die die Einweihung des ersten Französischen Gartens begleiteten, sollten für immer mit der spektakulären Bühne des Barockparks verbunden bleiben, der eben nicht nur eine Bühne zur Feier der Natur war, sondern auch eine, die regelrecht dazu aufforderte, von sämtlichen Künsten und von politisch relevanten Kräften effektvoll genutzt zu werden.

Drei Wochen nach dem Fest ritten Musketiere in Vaux-le-Vicomte ein, um Fouquet festzunehmen. Unter ihnen war Charles d'Artagnan, einer der dank

Alexandre Dumas als sprichwörtliche Wendung unsterblich gewordenen Musketiere. Der König veranlasste die Verhaftung nicht etwa aus Neid auf das neue Schloss, den spektakulären Garten und das alles übertrumpfende Einweihungsspektakel, wie es die Legende will. Die Verhaftung war längst beschlossene Sache gewesen. Hintergrund war die Unterschlagung von Geldern. Aber der König ließ sich die Gelegenheit nicht entgehen, die ihm die Verhaftung und die damit einhergehende Enteignung bot: Er beschlagnahmte das Inventar des Schlosses sowie einen Großteil der Büsche und Bäume aus dem Park. Und er verpflichtete das Trio Le Vau, Le Brun, Le Nôtre für die Baustelle, die er selbst im Sinn hatte: Versailles.

Versailles

So schließt der Anfang von Versailles nahtlos an die Vollendung von Vaux-le-Vicomte an. Deswegen ist es besonders aufschlussreich, diese beiden Gärten in dieser Reihenfolge nacheinander zu besuchen. Dabei zeigt sich schon in den jeweils ersten Eindrücken, wie sich Le Nôtre mit seiner Kunst allmählich in den Naturraum vorgearbeitet hat. Stefan Schweizer fasst das Ergebnis der vier Jahrzehnte währenden baulichen Anstrengungen in Versailles so zusammen:

> »Wer Versailles besucht, kann sich den schieren Baumassen des Schlosses und der Pracht seines mit einem vergoldeten Gitter abgegrenzten Marmorhofs nicht unbeeindruckt entziehen. Durchquert man den seitlichen Durchgang zum Garten, weicht die Wahrnehmung architektonischer Räume rasch einem Gefühl landschaftlicher Weite. Die Konstellation ist einzigartig: Auf dem kürzestmöglichen Weg verwandelt

sich der Eindruck urbaner Bauvolumina in das Panorama einer Landschaft, die ihren Charakter als Menschenwerk nicht verhehlt, die aber dank ihrer Vegetation und ihrer Einbettung in die Umgebung immer noch an eine natürliche Landschaft erinnert.«

Man betritt die Gärten über das Südparterre. Von dessen Rand aus schaut man hinunter auf das aufwendig gestaltete Orangerieparterre, dahinter ein nach den Schweizer Garden benanntes Bassin. Der Blick, der sich dann von der Kante der Terrasse über den Park auftut, ist schlicht atemberaubend. Folgt man ihm die Stufen hinunter, gelangt man über das Latona-Parterre mit dem Latona-Brunnen in einen langgezogenen, riesigen Gartenraum, der ganz auf sich selbst reduziert ist, auf das Beige der Wege, das Grün der sich den Hang hinunterziehenden Rasenfläche und des ihn begrenzenden Waldes mit seinen glatten Kanten, das Weiß der Skulpturen sowie das Blau, vielleicht auch Blau-Weiß des Himmels. Man meint, das Gelände falle bis zum Apollo-Brunnen ab und steige mitsamt dem dort beginnenden Grand Canal dahinter wieder an, sobald das Grün der Rasenfläche wie gespiegelt in das Graublau des Wassers übergeht. Man sieht und ahnt nichts davon, dass der Wald (*bosque*) links und rechts dieses schlicht gehaltenen, aber in seiner Raumwirkung enorm eindrucksvollen Areals aufwendige Inszenierungen birgt: die Bosquette, mit Skulpturen, Architekturelementen und raffinierten Wasserspielen inszenierte Säle unter freiem Himmel, deren Anzahl die der Säle des Palasts spiegelt. Nicht nur im berühmten Spiegelsaal des Schlosses, auch in Le Nôtres Garten ist die Spiegelung eines der prägenden Elemente der Ästhetik von Versailles.

Bis zu 36 000 Arbeiter sollen auf der über Jahrzehnte bestehenden riesigen Baustelle beschäftigt gewesen sein. Das eine war der Le Nôtresche Generalplan. Das andere waren die Unmengen an Details, deren Berechnung und Ausführung kaum vorstellbaren Aufwand bedeuteten. So heißt es, um nur ein kleines Beispiel zu geben, in Dezallier d'Argenvilles bereits zitierter *La théorie et la pratique du jardinage* von 1709:

> »Es ist zu beachten, dass Treppen und Perrons nur ganz sanftes Gefälle und nur wenige Stufen aufweisen: deren Zahl muss ungerade sein und darf in einer Rampe nicht mehr als 11 bis 13 Stufen betragen, ohne Absatz oder Ruhebank von zwei Schritt Breite und gleicher Länge wie der Perron. Jede Stufe kann 15 bis 16 Zoll (41 bis 44 cm) Trittbreite auf 5 bis 6 Zoll (13,5 bis 16,5 cm) Höhe haben, inklusive 3 Strich (1 mm) Neigung, die jede Stufe besitzen muss, damit das Wasser abfließt, weil sonst die Blendleisten der Fugen faulen würden.«

Nicht alles lief nach Plan. Vieles dauerte. Manches funktionierte nie. So reichte der Wasserdruck nicht aus, um alle Wasserspiele in Betrieb zu halten. Der mächtige Finanzminister Jean-Baptiste Colbert persönlich formulierte im Auftrag des Königs konkrete Anweisungen, wie dem zu begegnen war:

> »Wenn Seine Majestät aus dem Schloss heraustritt, trage der Brunnenmeister Sorge, befehlsbereit zu sein, und wenn Er dann Order erteilt, dass die Brunnen sprudeln sollen, wird er sofort durch einen Pfeifton das Wasser in Gang setzen lassen: bei den Kronen, bei der Pyramide, an der Wasserallee, beim Drachen, bei Ceres, bei der Kuppel, bei Apollo, zu Füßen der Pferde, bei Latona, bei den Reihern, bei den Bosketten und den fünf Wasserspeiern. Der Brunnengehilfe bei der Pyramide hat darauf zu achten, sobald der König vorüber und außer

Sichtweite ist, nur noch so viel Wasser laufen zu lassen, dass die Oberfläche sich bewegt. Seine Majestät wünscht, dass gleiche Sorgfalt obwalte, wenn eine hochgestellte Persönlichkeit im Park weilt, will sagen, dass die Pyramide in aller Schönheit sprudeln soll, solange besagte Person sie sehen kann. Beständig laufen sollen Delphine und Meeresschnecken, wie auch der Drache auf die Pyramide hin auszurichten ist. Da die Pavillon-Fontaine nur funktionieren kann, wenn die Pyramide abgeschaltet ist, muss der für diese beiden Fontainen verantwortliche Gehilfe Sorge tragen, dass er die Pyramide erst ausschaltet, wenn Seine Majestät in die kleine Pavillon-Allee eingebogen ist und die Pyramide nicht mehr sehen kann. Dann lässt er sogleich die Pavillon-Fontaine sprühen, um Seiner Majestät Blick zuvorzukommen.«

Es lohnt sich, Versailles an einem Tag zu besuchen, an dem die Wasserspiele eingeschaltet sind und Musik aus den Hecken ertönt (auch wenn an diesen Tagen Eintritt verlangt wird). Historisch ist das unangemessen, aber es ist für uns heute in diesen öffentlichen, viel besuchten Anlagen die einzige Möglichkeit, mit einiger Phantasie immerhin eine Ahnung von der alle Sinne anregenden Prachtentfaltung und multimedialen Stimulation zu bekommen, die diese Gärten im 17. Jahrhundert erstmals erlebbar gemacht haben. Es ist eine konzertierte Manipulation der Sinne, die im Zusammenspiel überwältigt. Das Einweihungsfest von Vaux-le-Vicomte war nur ein besonders spektakuläres Beispiel für die unbändige Lust am Gesamtkunstwerk, die die Gartenkunst immer schon, seit den großen Gärten von Le Nôtre aber in einer neuen Dimension ausgemacht hat.

1682 erklärte Ludwig XIV. Versailles offiziell zur Residenz. In den folgenden Jahren konzentrierte er hier alle Macht des Reichs, sämtliche einflussreichen Ämter und Institutionen. Das Ausmaß, in dem die neue Staatsdoktrin des Absolutismus hier konkret wurde, mutet im Nachhinein grotesk an. Damals war es für viele bitterer Ernst. Beim König in Ungnade zu fallen, konnte die Vernichtung einer Existenz bedeuten. Der König war das alles überstrahlende Zentrum, auf das sich der gesamte Adel des Landes in Funktionen kaum noch selbständig agierender Komparsen bezog. Dazu verließen die Adeligen ihre Residenzen und zogen nach Versailles. Nur das bot Nähe zur Sonne und Hoffnung auf Vorteile und Ämter. Ludwig XIV. spielte seine Macht so genüsslich wie grausam aus. Das Konzept war nicht zuletzt eine Reaktion auf die sogenannte *fronde*, einen Aufstand hoher Adeliger gegen die Krone, der im Jahr 1648 begann. Die Monarchie verlor damals deutlich an Durchschlagskraft und Akzeptanz, zumal Ludwig als Minderjähriger zum König ausgerufen worden war. Vier Jahre dauerten die Aufstände, in deren Verlauf eine Gruppe von Adeligen versuchte, Einfluss auf die Staatsgeschäfte zu gewinnen. Diese traumatische Erfahrung dürfte dazu beigetragen haben, dass Ludwig XIV. alle Entscheidungen, alle Macht, allen Einfluss in Versailles und dort bei sich konzentrierte. Am Ende stand als berühmtes Motto das bald kaum noch übertriebene *»L'etat, c'est moi.«* Auch der Hausherr von Vaux-le-Vicomte wurde am Ende Opfer dieses allumfassenden Machtanspruchs. Die Gerichte entschieden, dass er aus der Haft wieder hätte entlassen werden sollen. Doch der König verfügte höchstpersönlich lebenslang. Und das galt.

Im Rückblick erweist sich diese Entscheidung zum radikalen Zentralismus als wegbereitendes Kapitel in der Vorgeschichte der Französischen Revolution. Davon erzählt der Park von Versailles, wenn man ihn durchwandert. Die Konzentration weiter Teile des Adels im und um das Schloss führte zum fortwährenden Ausbau und bald zu einem regelrechten Anschwellen der

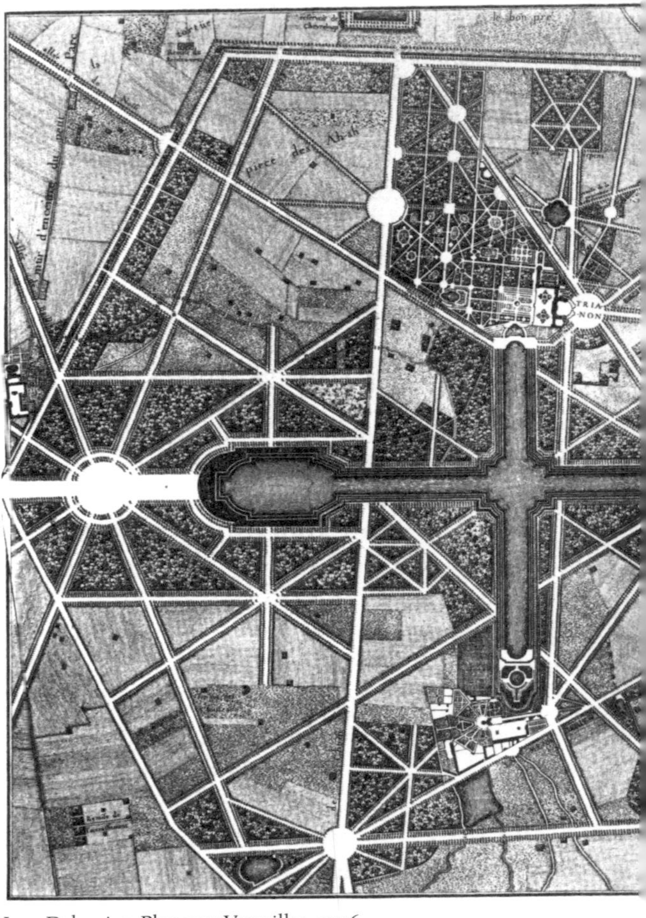

Jean Delagrive, Plan von Versailles, 1746

Palastanlage, dann ihrer Vorgebäude, schließlich zur Ausbreitung der Stadt Versailles, die es vorher nicht gegeben hatte. All dies geschah auf Grundrissen, die Le Nôtres Regeln folgten. Die Adeligen waren damit beschäftigt, so nah wie möglich ans Schloss und im Schloss so nah wie möglich an den König heranzukommen. Weil sie sich fern von ihren Gütern aufhielten, blieben dort

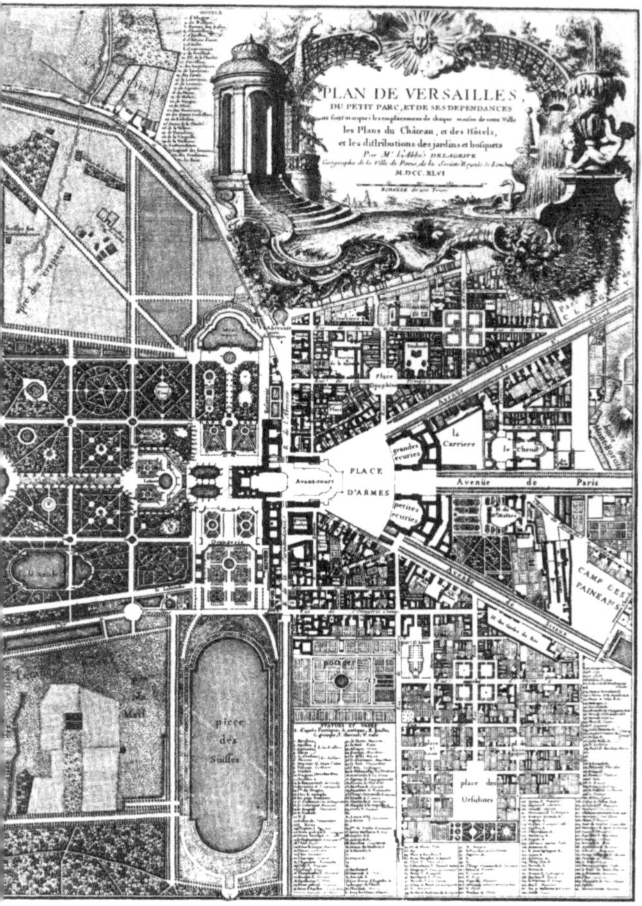

notwendige Entscheidungen und Reformen aus. Missernten waren die Folge, manchmal regelrechter Verfall. Und niemand beobachtete oder unterband gar, wie sich eine unzufriedene Bevölkerung gegen die Obrigkeit formierte. Der König zog sich derweil innerhalb der eigenen Residenz immer weiter an den Rand zurück, schuf Räume wenigstens relativer Privatheit für sich, seine

Familie, seine Mätressen und enge Vertraute abseits von den Tausenden, die gezwungen waren, am absolutistischen Staatstheater teilzunehmen, für das der riesige Palast und Le Nôtres Gärten die spektakuläre Bühne boten.

In der Logik des Barockgartens sind Sichtachsen stets gleichzeitig die Wege, auf denen man zu ihrem Endpunkt spazieren kann. Im Landschaftsgarten werden die Sichtachsen dagegen vom sich schlängelnden Spazierweg losgelöst sein. Man wird nie direkt erreichen, was einen die Gartengestaltung gerade sehen lässt. Stattdessen verliert sich der Weg immer in einer Windung, hinter der die nächste Überraschung wartet. Im Barockgarten jedoch bieten sich lange gerade Bahnen entlang der weit reichenden Blicke an.

Die Arbeiten am Großen Kanal mit dem Grundriss eines Kreuzes dauerten von 1667 bis 1679. Die Hauptachse von Westen nach Osten ist 1,67 Kilometer lang, die zuerst ausgehobene Nord-Süd-Achse 1,5 Kilometer. Man kann an den Ufern von Bäumen gesäumte Wege entlangschlendern oder den Kanal mit kleinen Booten befahren. Zur Zeit Ludwigs XIV. ankerten hier zwei venezianische Gondeln, ein Geschenk der Stadt Venedig an den französischen König. Die Boote trafen 1674 zusammen mit vier Gondolieri ein. Das Gebäude, in denen die Boote untergestellt werden konnten und die Gondolieri unterkamen, trägt den Namen *La Petite Venise*. Heute beherbergt es ein Restaurant. Die Ausflugslokale am Kanal von Versailles haben trotz permanenter touristischer Flutung erstaunlich viel vom Pariser Flair des 19. Jahrhunderts bewahren können.

Man muss sich an die neuralgischen Punkte stellen, um die Raumerlebnisse ganz auszukosten, etwa zwischen Apollo-Brunnen und Kanal. Im Blick zurück schaut man mit Apoll, der in seinem Wagen gerade dem Wasser entsteigt, hinauf zum Palast des Sonnenkönigs. Die langgezogene Rasenfläche wirkt von hier aus viel weniger steil ansteigend, fast flach. Der Palast scheint viel weiter entfernt, als er es in Wirklichkeit ist. Dreht man sich um, überblickt man den Kanal, der jetzt wirkt wie ein See und sich bis zum Horizont hinzuziehen scheint. An seinen Ufern führen idyllische Alleen durch den Wald, beschnittene Bäume wechseln sich mit in Form gebrachten Sträuchern ab. Auf halber Strecke öffnet sich zu beiden Seiten überraschend der Blick in den Querarm des Kanals, der bislang nicht zu sehen war. Richtung Süden endet er an einer mächtigen Treppe, die früher zu den königlichen Menagerien führte. Im Norden endet er in einer Art Hafen. Geschwungene Treppen führen nach oben. Dort liegt einer der Rückzugsorte des Königs am Rande der Residenz. Um ihn bauen zu können, hatte Ludwig XIV. 1686 das Dorf Trianon gekauft. Der Pavillon, der anstelle des Dorfes errichtet wurde, ist bis zum letzten Moment nicht zu sehen. An der Stelle eines filigraneren Vorgängerbaus mit Fayence-Kacheln, der als eine der ersten Chinoiserien in Frankreich galt, entstand 1687/88 der Trianon de Marbre. Die Marmorverkleidung und die Säulenhallen des eingeschossigen Baus erinnern an eine römische Villa. Wie eine solche ist er von Gärten umgeben. An sie schließt das Areal des Petit Trianon an, eines kleinen Lustschlösschens, das Ludwig XV. für seine Mätresse Madame Pompadour errichten ließ. Marie Antoinette, die Frau Ludwigs XVI., ließ es umbauen und die unmittelbare Umgebung als Landschaftsgarten nach englischem Vorbild gestalten. An dessen Rand entstand ab 1783 der *hameau de la Reine*, das Dörfchen oder der Weiler der Königin. Der *hameau* ist aufwendig wiederhergestellt worden. Es handelt sich um eine theatralische Fake-Idylle, aufwendig inszeniert um einen künstlichen See. Im Gegensatz zu den Englischen Gärten, die hier als Vorbild dienten, geht es nicht um eine philosophische Interpretation der Natur als Landschaft, sondern um ein höfisches

Schäferspiel im Wortsinn: Hier spielte der Hof Schäferin und Bauer. Scheinbar schlichte Fassaden vermeintlich ländlicher Gebäude verbargen exquisite höfische Ausstattung. Im Zuge der Restaurierung hat man die Pavillons mit Schildern versehen, auf denen jeweils das Jahr der Fertigstellung verzeichnet ist. 1785, 1786, 1787 … Man hört förmlich die Uhr ticken bis zum Ausbruch der Revolution. Und man kann sich lebhaft vorstellen, wie die königliche Familie und ihre Entourage hier in zurückgezogener Weltfremdheit die Zeichen der Zeit verpassen. Richard Mique, den Architekten dieser Idyllensimulation, traf das gleiche Schicksal wie seine Auftraggeberin. Er wurde hingerichtet.

So lässt sich parallel zur Gartengeschichte die Ereignisgeschichte Frankreichs seit Mitte des 17. Jahrhunderts in Versailles erwandern. Das gilt ebenso für die Zeit nach 1789. Die Revolutionäre nötigten die königliche Familie, nach Paris zu übersiedeln. Sie ließen den *hameau* verfallen und schütteten den Kanal zu. Die Schlösser wurden geplündert. Das Vorhaben, den Palast, Inbegriff des verhassten Ancien Régime, abzureißen, erwies sich als zu teuer. Und mit Napoleon Bonaparte stand schon bald wieder ein Regent mit ausgeprägtem Hang zur Repräsentationsarchitektur an der Spitze der Nation. Er ließ sogar den *hameau* wieder herrichten und wollte das Schloss nach seinen Vorstellungen umgestalten lassen. Entwürfe gab es schon. Gebaut wurde in Versailles allerdings erst wieder unter dem Bürgerkönig Louis-Philippe, den die Juli-Revolution von 1830 zwar nicht mehr zum *König von Frankreich*, aber doch immerhin zum *König der Franzosen* machte. Er ließ im Schloss ein Nationalmuseum einrichten, das er 1837 eröffnete.

Im Januar 1871 wurde nach dem von Frankreich verlorenen Krieg gegen Preußen im Spiegelsaal der Deutsche Kaiser ausgerufen. Bis zum letzten Moment hatte es hier ebenfalls die Diskussion gegeben, ob Wilhelm von Preußen zum *Kaiser von Deutschland* oder zum *Kaiser der Deutschen* erklärt werden sollte. In Versailles ließ man sibyllinisch erst einmal den *Deutschen Kaiser* hochleben. Gekrönt wurde dieser übrigens nie.

Gut zwei Monate später fand in der Versailler Hofoper die erste Sitzung der neuen französischen Nationalversammlung statt. Bis 1879 tagten die beiden parlamentarischen Kammern Nationalversammlung und Senat in Versailles, dann zogen sie nach Paris. Doch die Aura des Ortes, insbesondere des Spiegelsaals, zog und zieht Regierende an. Vierzehn Staatspräsidenten wurden hier gewählt. Die Abgeordneten beider Kammern werden immer wieder nach Versailles gerufen, um wichtige Gesetze zu verabschieden oder Reden ihres Präsidenten zu lauschen, denen dieser besonderes Gewicht verleihen will. So ließ Emmanuel Macron nach seiner ersten Wahl zum Präsidenten die Nationalversammlung in Versailles tagen und hielt eine staatstragende Ansprache. Im Frühjahr 2022 kamen die Staatschefs der Europäischen Union hier zusammen und sandten eine Botschaft der Einigkeit in Richtung des russischen Präsidenten Wladimir Putin, der sich gerade daranmachte, in die Ukraine einzumarschieren. Putin pflegte seinerseits schon seit langem die Inszenierung der eigenen Macht in golddurchwirkten barocken Umgebungen. Das Vorbild ist immer Versailles.

Am 28. Juni 1919 wurde im Spiegelsaal der verhängnisvolle Vertrag unterzeichnet, der das Ende des Ersten Weltkriegs besiegelte. Der Versailler Vertrag war jener der sogenannten Vorortverträge am Ende der großen Friedenskonferenz von Paris, der sich mit Deutschland befasste. Bei der Unterzeichnung der Verträge in verschiedenen Vororten wurde die einschüchternde Staatsarchitektur des Absolutismus gezielt eingesetzt, so etwa im Vertrag von Saint-Germain-en-Laye mit Deutsch-Österreich und im Vertrag von Trianon mit

Ungarn. Die Verkündung des Friedens mit Deutschland ausgerechnet im Versailler Spiegelsaal war als Demütigung der deutschen Delegation und des deutschen Volkes gedacht, Revanche für 1871.

Dass Versailles bis heute in weiten Teilen im Geist Le Nôtres konserviert wird, zumindest soweit dies finanziell und mit der Zahl der zur Verfügung stehenden Arbeitskräfte überhaupt möglich ist, verdankt sich der überzeugenden Wucht des ästhetischen Modells, nicht dem politischen System, das es repräsentiert. Doch die Inszenierung soll trotz aller gesellschaftlichen Wandlungen ihre Botschaften unverstellt entfalten. Im Schatten von Le Nôtres Versailles wirken die Englischen Anlagen, die auf dem Gelände später entstanden sind, weniger souverän. Bis auf Hubert Roberts Grotte im Bosquet des Bains d'Apollon von 1781 handelt es sich nicht um Eingriffe in das barocke Gefüge, sondern um Erweiterungen an den Rändern. Die letzte dieser Erweiterungen war der *hameau de la Reine*. Hier findet sich nichts von der Strahlkraft eines radikalen Zentralismus. Und doch steht selbst noch die Idee der Idylle unter der Kuratel der absolutistischen Zentralmacht. Die höfische Kopie eines Landschaftsgartens kann weder den Geist noch die Atmosphäre des Originals entfalten. Die Idee zu dieser vermeintlichen Idylle, aus der dann doch eher eine camouflierende Charade wurde, kam Marie Antoinette bei Besuchen im Pariser Umland in Ermenonville, in Le Désert de Retz und nicht zuletzt in Chantilly.

Chantilly

Der Garten von Chantilly ist eines der großen Werke von André Le Nôtre, die nicht in königlichem Auftrag entstanden. Halb Renaissance, halb Neorenaissance thront das massive Schloss über dem Garten. Im

19. Jahrhundert kehrten Elemente der Romanik, des Mittelalters und der Renaissance in alle Künste zurück. Auch in den Gärten besann man sich der formalen Elemente aus früheren Epochen. Besonders prägend waren diese Rückgriffe für die Architektur. Einer Zeit der Revolutionen in der Politik wie in den Künsten folgte eine Phase der Restauration, die nicht zuletzt in den Häuserfassaden ihren Ausdruck fand. Dieser romantische Historismus des 19. Jahrhunderts gibt sich in Chantilly als eher lautes Echo auf die filigranen architektonischen Neuanfänge des 15. und 16. Jahrhunderts, denen André Le Nôtre im 17. Jahrhundert seine ebenso großartige wie anmutige Gartenanlage hinzufügte. Die Reduktion der Effekte auf viel Grün und die lichte, immer changierende Farbigkeit von Himmel und Wasser verleihen der formalen Strenge der Komposition eine fast heitere Leichtigkeit.

Das Schloss beherbergt die zweitgrößte Kunstsammlung Frankreichs nach dem Louvre. Das Institut Français erbte sie mit der Auflage, dass nichts verändert oder ausgeliehen werden darf. Also muss man nach Chantilly fahren, wenn man die dort hängenden Werke von Raffael, Dürer und Rubens oder das berühmte Stundenbuch des Herzogs von Berry sehen will. Das lohnt sich nicht zuletzt, weil die Innenräume des neuen Gebäudeteils geschmackvoller und angemessener proportioniert sind als ihre Fassaden, allen voran die Gemäldegalerie.

Chantilly war die Residenz der Familie Montmorency. Diese wurde enteignet, nachdem sich Mitglieder an einer Verschwörung gegen den mächtigen Kardinal Richelieu beteiligt hatten. Das Anwesen kam in den Besitz der loyalen Familie Condé. Als Zeichen des Neuanfangs wurde die Anlage ab 1662 grundlegend umgestaltet. Le Nôtre war von Anfang an involviert. Er sorgte für eine Verlegung der Zufahrtsstraße, die seitdem direkt in seinen Garten mündet. Eine grandiose Treppenanlage

(1682/83) führt auf das große Wasserparterre, das zwischen 1663 und 1667 entstanden war, das gartenkünstlerische Herz von Chantilly.

Auch Chantilly war ein traditionelles französisches Wasserschloss. Das Wasser hat Le Nôtre hier zum tragenden Element einer neuen Spielart seiner Kunst gemacht. Der Himmel spiegelt sich in den Bassins. Fontänen steigen auf. Das Grün des Gartens korrespondiert mit dem der ungestalteten Natur jenseits der Parterres. Über die Treppe taucht man regelrecht in die Wasserlandschaft ein. Das Stauen eines kleinen Flusses eröffnete Le Nôtre zusätzliche Möglichkeiten, Wasser zu arrangieren und zu inszenieren. Ein beeindruckender Kanal erstreckt sich in west-östlicher Richtung durch das Gelände. In der Achse der Treppe weitet er sich zu einem rechteckigen Teich, der das zentrale Parterre in zwei Hälften teilt.

Im Westen schloss sich ursprünglich ein weiteres Parterre an, das Orangerieparterre. Es wurde in eine Englische Partie umgewandelt, allerdings ohne originelle Ideen oder allzu großes Engagement. Die Kraft von Le Nôtres gärtnerischer Phantasie, die Wucht und die Poesie seiner Kunst einer raffinierten Geometrisierung der Landschaft überstrahlen das Gelände. Östlich des Wasserparterres geht Le Nôtres Garten jetzt ebenfalls in einen Landschaftsgarten über. Der inszenierte Kern der landschaftsgärtnerischen Erweiterung nach 1770 ist der *hameau* von Chantilly, das unmittelbare Vorbild für Marie Antoinettes *hameau de la Reine* in Versailles. Auch er ist rekonstruiert worden. Er gibt sich bescheidener als der von Versailles. Mehr noch als in die Genealogie der Gärten ist er in die Geschichte der französischen Kulinarik eingegangen. Zur Inszenierung der dörflichen Idylle gehörte es, im *hameau* in Gesellschaft frische Milch zu trinken. In Chantilly wurde zur Erhöhung des Genusses abgeschöpfter Rahm steif geschlagen. Bis heute trägt das, was im Deutschen Schlagsahne heißt, in Frankreich den Namen *crème chantilly*. Sie wird seit der Rekonstruktion des *hameau* im gleichnamigen Restaurant in üppigen Portionen serviert.

Gleich zwei der großen Le-Nôtre-Gärten sind zu zentralen Schauplätzen von James-Bond-Filmen geworden. In *Moonraker* (1979), dem letzten Film der Reihe, dem der legendäre Ken Adam das Production Design gab, ist es Vaux-le-Vicomte, *Im Angesicht des Todes* (1985) spielt zum Teil in Chantilly. In beiden Fällen ist die Barockresidenz die Zentrale des Bösen. Das folgt einer tieferen Logik, der die Kunsthistorikerin Nina Gerlach in einer umfassenden Untersuchung zum Garten im Spielfilm nachgegangen ist. Kurz gefasst lautet eine ihrer Thesen: Die Ordnung im Garten ist eine bloß behauptete Ordnung, die im Film entlarvt wird. Es sei denn, der Garten wäre ein paradiesischer Ort der Erfüllung. Dann dient als Kulisse aber eher ein nicht-formaler Landschaftsgarten. Nina Gerlach zitiert den Landschaftsarchitekten Ian H. Finlay mit dem Statement: »Manche Gärten werden als Rückzugsorte beschrieben, obwohl es eigentlich Attacken sind.« So werden in den beiden James-Bond-Filmen die Schönheit und vor allem die Ordnung des Gartens als falsche Behauptung desavouiert, als glänzender Lack, der etwas Verstörendes, Zerstörerisches übertüncht. Die prächtigen Residenzen entpuppen sich als Behausungen von Superschurken. Die Idylle schlägt um in Gewalt. Für diesen visuellen Effekt instrumentalisiert das Production Design Le Nôtres Gartenarchitektur. Der unvermeidliche Angriff auf James Bond findet in diesem Setting allerdings jeweils nicht in einem geometrischen Parterre statt, sondern im daran anschließenden Jagdwald.

In *Moonraker* geht eine Flugsequenz über Kalifornien nahtlos in einen *birds eye view* auf Vaux-le-Vicomte über. Ein Streichercrescendo und eine Fanfare begleiten den Szenenwechsel. Es wird behauptet, es handele sich um den originalen Bau an neuem Ort (»Jeder Stein wurde von Frankreich hergebracht.«). Die Vogelperspektive war in den Stichwerken des 17. und 18. Jahrhunderts die bevorzugte Darstellungsweise von formalen Gärten. So ließ sich deren geometrische Ordnung als Ganzes erfassen. »Ganz schön, was der hat«, sagt Roger Moore alias James Bond beim Überflug. Die attraktive Hubschrauber-Pilotin ergänzt: »Er hat nur das nicht, was er nicht will.« Mit diesem denkbar kurzen Dialog, der sich über den visuellen Effekt des ersten Barockparks legt, wird die unmittelbare Verknüpfung zwischen dem absolutistischen Herrscher Ludwig XIV. (obschon er nie in Vaux-le-Vicomte gewohnt hat) und dem aktuellen Super-Bösewicht Hugo Drax hergestellt, der hier sein Unwesen treibt. Die rigorose historische Machtausübung bietet die ideale Projektionsfläche für das zeitgenössische Böse und den Versuch, absolute Macht zu erlangen. Dafür stehen die Anlagen von André Le Nôtre im Film.

Sechs Jahre später wird das Motiv im Rahmen der Serie noch einmal aufgenommen. In seiner Eröffnungssequenz spielt *Im Angesicht des Todes* in einer der berühmtesten James-Bond-Szenen mit der den Filmen eigenen Ironie auf die Affinität der französischen Gartenkultur zur Vogelperspektive an: Grace Jones springt mit dem Fallschirm vom Eiffelturm und löst so eine Verfolgungsjagd auf, die gerade noch an der Turmspitze in einer tödlichen Sackgasse zu enden drohte. Mit Grace Jones überfliegen wir die Parkanlagen rund um den Eiffelturm. Kurz danach erreichen wir zusammen mit James Bond Chantilly, von dem ein realer Bösewicht, Richard Nixon, gesagt haben soll: »Warum haben sie mich sechsmal nach Versailles geführt und nie hierher?« Der Satz könnte genau so im Drehbuch von *Im Angesicht des Todes* stehen.

In der Wirklichkeit wie im James-Bond-Film beherbergt Chantilly ein bedeutendes Gestüt. Im Film heißt es, es sei von einem Vorfahren im 17. Jahrhundert erbaut worden, der davon ausgegangen sei, dass er als Pferd wiedergeboren würde. Nicht zufällig verwechselt Bond bei der Ankunft den Trakt mit den Unterkünften für die Dienerschaft mit den Stallungen für die Pferde. Die sind in einem monumentalen barocken Prachtbau untergebracht.

Schloss, Gestüt und Park werden mit filmischen Mitteln inszeniert, etwa in einem Blick aus dem Haupttor in die Zufahrtsallee, gefolgt vom Gegenschuss durch das Tor. Ein silberner Rolls Royce Silver Shadow (übrigens der Privatwagen von Produzent Cubby Broccoli) wird zum Waschen effektvoll vor Le Nôtres Interpretation einer Renaissance-Fassade abgestellt, die das Hauptparterre abschließt. Vor allem aber wird der Park als spektakulärer Partyort inszeniert – der er auch im 17. Jahrhundert gewesen ist. Komparsen in historischen Kostümen zwischen Gästen unterstreichen das Vexierspiel mit der historischen Location.

Der barocke Schauplatz, schreibt Nina Gerlach, »ist im Film eindeutig auf die Rolle des ›Schurkengartens‹ festgelegt«. Idyllen mit ihrer behaupteten Ordnung werden durch eine tiefer liegende dunkle Wahrheit gestört. Damit knüpft Nina Gerlach an eine zentrale Behauptung der populären Gartengeschichte an, die auf der einen Seite die Barockresidenz und ihre geometrischen Gärten mit gewaltsamer Unterdrückung und auf der anderen Seite den vermeintlich naturnahen Landschaftsgarten mit der Idee der Freiheit identifiziert. Genau besehen ist beides eine unzulässige Verkürzung. Schnell zu identifizierende visuelle Codes gehören jedoch zur Bildgestaltung populärer Filme ebenso wie zur Bildgestaltung populärer Gärten. Und da drängt sich die Opposition von formalem Garten und

Landschaftsgarten geradezu auf. Und sie funktioniert bis in unsere Tage: In den Wochen nach der Wahl von Donald Trump zum Präsidenten der USA und vor dessen Inauguration ins Amt kursierten Bilder von Trumps privater Wohnung im obersten Stock des New Yorker *Trump Tower* mit symmetrisch arrangiertem goldfarbenem Mobiliar in neobarockem Design und auf der anderen Seite Aufnahmen von der klassizistischen Villa *Weißes Haus* mit ihrem Bewohner Barack Obama im Landschaftsgarten des späten 18. Jahrhunderts, das in dieser Gegenüberstellung ikonographisch zur Zentrale des Guten erklärt wurde.

Die Wesensverwandtschaft zwischen Garten und Film als Medien reicht aber tiefer. Als allererste Filmszene überhaupt gilt die *Roundhay Garden Scene*. Sie wurde 1888 von Louis Le Prince in einem Vorort von Leeds aufgenommen. Menschen bewegen sich lachend in einem Garten. Das mag Zufall sein. Andererseits gibt es nicht viele Motive, die sich als Ort durch bloße Bewegung im Raum sofort erschließen. Bewegung ist fast immer ein existenzieller Bestandteil der Erfahrung eines Gartens. Wir sind es, die sich durch die verschiedenen Räume bewegen, die ein Garten, dramaturgisch hintereinandergeschaltet, für uns bereithält. Im sensualistischen Landschaftsgarten der Aufklärung wird die Abfolge inszenierter überraschender Szenen zum wichtigsten Gestaltungsprinzip. Die Szenenfolge entwickelt in diesen Gärten eine dramaturgisch für die Gartenerfahrung arrangierte Erzählung, sei es in Anspielung an Ereignisse aus der jeweiligen Familiengeschichte, sei es durch das Zitieren literarischer, mythischer oder bildkünstlerischer Motive oder Stoffe. Indem er seine Geschichte entwickelt, setzt uns der Garten unterschiedlichen Stimmungen aus. Veränderungen in der Vegetation bereiten in einem gut gemachten Landschaftsgarten bei der Annäherung an ein Gartenbild

Stimmungswechsel vor. Eng stehende Koniferen und dunkles Unterholz kündigen womöglich eine finstere Grotte, eine Höhle oder eine mittelalterliche Ruine an. Dagegen sind Laubbäume und Lichtungen ein beliebtes Vorspiel etwa für helle griechische Tempel. Diese Funktion der Vorbereitung durch subtile, unterschwellige Manipulation der Stimmung übernimmt im Film die Musik. So gesehen kann man den Landschaftsgarten unmittelbar als Vorgängermedium des Films interpretieren. Sind es beim Film die Bilder, die an uns vorüberziehen, gehen im Garten wir an den Bildern vorbei. Der Film bleibt allerdings zweidimensional. Er erreicht mit seinen Bildern lediglich das Auge, ergänzt um eine Tonspur, während der Garten als einzige Kunstform überhaupt alle Sinne stimulieren kann, um Szenen eindrucksvoll zu machen.

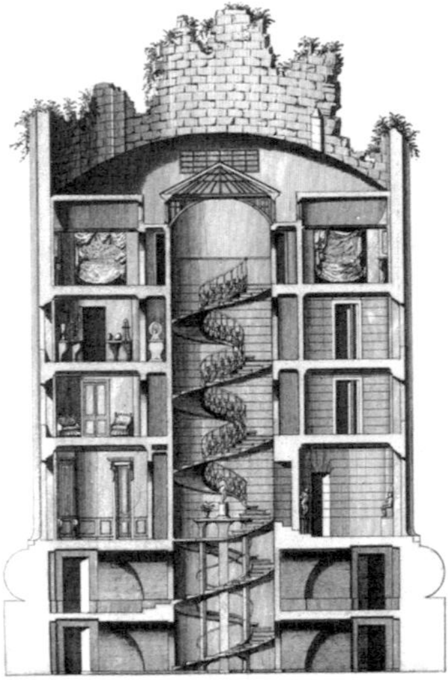

Le Désert de Retz, Querschnitt der Säule

Natur und Wahrheit

Saint-Germain-en-Laye, Le Désert de Retz, Méréville, Jeurre, Ermenonville

Das Nebeneinander von formalen und naturnahen Gartenpartien kennzeichnet die Gartenkultur in Frankreich besonders. In anderen europäischen Ländern sind barocke Anlagen nicht selten vollständig in Landschaftsgärten umgewandelt worden. So weit mochte man in Frankreich meistens nicht gehen. Reine Landschaftsgärten sind hier in der Regel nach 1765 neu entstandene Parks. Barockinszenierungen blieben bestehen, wurden modifiziert und erhielten Erweiterungen im englischen Stil wie in Versailles, in Chantilly oder in Montagne Bon Air. So nannten die Revolutionäre den Ort Saint-Germain-en-Laye, dessen Schloss Ludwig XIV. als Jagd- und Sommerresidenz gedient hatte, bevor Versailles bezugsfertig war. Das Anwesen lag günstig zwischen Paris und dem Königlichen Jagdwald von Marly. Die massive Burg war seit dem 13. Jahrhundert königliche Residenz. Sie überragte in exponierter Hanglage das Tal der Seine. Diesen militärischen Standortvorteil verwandelten die königlichen Gärtner in ein ästhetisches Programm. Das vollendete André Le Nôtre, als er mit der Neugestaltung der Gärten beauftragt wurde. Er fand aufwendig gestaltete, terrassierte Renaissanceparterres vor. In Saint-Germain-en-Laye hatte sich das italienische Renaissancekonzept durch Treppen miteinander verbundener Gartenterrassen eindrucksvoll umsetzen lassen. Le Nôtre fügte unmittelbar vor dem Schloss ein großes Parterre hinzu und realisierte hier eine seiner spektakulärsten Inszenierungen überhaupt, die 2400 Meter lange, von Linden gesäumte *grande terrasse* mit Blick über das Tal. Den Verlauf der Kante ließ er begradigen. Durch geschicktes Absenken und Anheben des Wegverlaufs erreichte er, dass die Strecke optisch kürzer erscheint, als sie es tatsächlich ist. Die monotone Strecke zieht sich. Der Effekt ist aber beeindruckend. Das schmiedeeiserne Geländer muss man sich wegdenken. Es wurde im 19. Jahrhundert hinzugefügt. Ursprünglich öffnete sich die *grande terrasse* unverstellt zum Tal und zur Stadt.

Seit 1867 ist das Nationalmuseum für Archäologie im Schloss untergebracht. Aus dem 19. Jahrhundert stammt auch der Masterplan der öffentlichen Parkanlagen, wie wir sie heute vorfinden. In ihnen gehen Le Nôtresche Elemente aus dem Barock, allen voran die lange Terrasse, eine harmonische Koexistenz mit Partien im englischen Stil ein. Die Gartenanlagen strahlen viel von dem aus, wofür ihre Grundformen einmal standen, und fügen sich doch selbstverständlich zum modernen Volkspark. Der wird von der Bevölkerung als entspannendes Zentrum der Gemeinde angenommen und wirkt auch ohne allzu viele Papierkörbe, Warnschilder und Zäune nicht übernutzt. Das ist oft so in Frankreich. Es könnte ein Indiz dafür oder auch eine Folge davon sein, dass Frankreich durch und durch Gartennation ist. Saint-Germain-en-Laye gehört nicht mehr zu Paris, ist aber an den öffentlichen Nahverkehr der Metropole angeschlossen. Von hier aus sind es nur wenige Kilometer nach Chambourcy. Am Rand der kleinen Gemeinde liegt einer der originellsten Landschaftsgärten Frankreichs, Le Désert de Retz. Erhalten ist er nicht, verschwunden aber auch nicht.

Man stelle sich vor: In einem Wald steht unvermittelt ein großer Felsen im Weg. Er öffnet sich zu einer Höhlengrotte. Nach wenigen Schritten findet man sich jenseits des Felsens in einer anderen Welt wieder. Zinnerne Satyrn, jeweils Fackeln in beiden Händen, begrüßen in einer Art Zauberland. Geheimnisvolle Bauten aus unterschiedlichen Kulturen und Epochen sind auf dem Gelände verstreut, atmosphärisch und botanisch so inszeniert, wie man sich die entsprechenden Zeiten und Regionen im 18. Jahrhundert vorgestellt hat. Wir befinden uns mitten in einer veritablen *virtual reality*.

Tatsächlich müssen wir uns das heute vorstellen. Der Felsen im Wald von Marly existiert nicht mehr, die meisten der knapp zwanzig Gebäude sind ganz oder weitgehend verschwunden. Trotzdem lohnt sich der Besuch des Zauberwaldes, eines der ersten Landschaftsgärten in Frankreich.

Mit den Ideen der Aufklärung gelangte das neue Gartenmodell im Verlauf des 18. Jahrhunderts aus England auf den Kontinent. Zu diesen Ideen gehörte eine Neujustierung des Verhältnisses zwischen Mensch und Natur. Bislang hatte die von René Descartes formulierte Devise gegolten, nur unser Verstand, die Ratio, könne das Wesen der Natur erkennen. Nun formulierten britische Aufklärer eine radikal andere, in gewisser Weise gegenteilige Theorie: Wir Menschen, befanden sie, sollten gerade umgekehrt die Regeln anerkennen und übernehmen, die in der Natur selbst herrschen. Der Philosoph John Locke prägte das Bild von der Seele als *tabula rasa*, als unbeschriebenes Blatt, auf dem die Sinneseindrücke so etwas wie eine persönliche Geschichte hinterlassen. In Anspielung an diese Aufwertung der Bedeutung der Sinne nannte man die neue englische Denkschule Sensualismus.

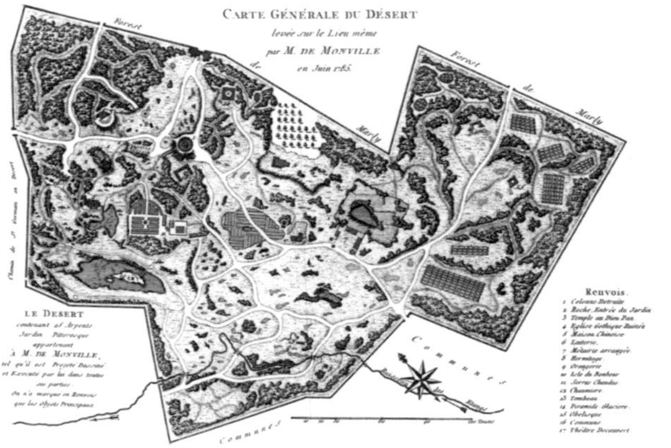

Le Désert de Retz, Plan vom Juni 1785

Wie Le Nôtres Parterres das Descartsche Weltbild, so spiegeln die neuen Gärten die sensualistische Wahrnehmung der Welt. Dabei wird die Behauptung gestreut, ihre Struktur sei der Natur selbst entnommen. In Wahrheit steht dahinter eine Konstruktion von Natur, die letzten Endes nicht weniger künstlich ist als das Entwerfen geometrischer Figuren. Aber die Regeln sind andere. Und die neuen Regeln vermitteln neue Ideen, eine neue Philosophie. Vor allem soll ein neues Verhältnis zur Natur zum Ausdruck gebracht werden. In den formal-geometrischen Gärten galten lediglich Geraden, Kreise, Ovale, Achtecke, Rechtecke und Quadrate als gartenkonform. Jetzt wurden diese mit derselben Verve aus den Gärten verbannt, mit der sie zuvor gefordert worden waren. »Nature abhors a straight line«, gab William Kent als Losung aus, der als erster Landschaftsgärtner überhaupt gilt. Die *serpentine*, eine Schlangenlinie, deren Scheitelpunkt nicht auszumachen ist, ersetzte im Garten die Gerade. Sie wurde zum Symbol einer neuen Idee von Natürlichkeit. William Hogarth hatte sich 1753 darangemacht, in einer *Analyse der Schönheit* der neuen sensualistischen Ästhetik eine theoretische Grundlage zu geben. Dabei erhebt er die *serpentine* zum Schönheitsideal der Zeit. Sie findet sich bald in den Wegenetzen der Landschaftsgärten der ersten Generation wieder, auch in dem von Le Désert de Retz.

Der Pariser Verwaltungsbeamte François Racine de Monville, Jahrgang 1734, war durch eine Erbschaft zu Vermögen gekommen. Der neue Gartentrend aus Großbritannien schien ihm geeignet, einen Ort des Rückzugs, der Reflexion sowie des kulturellen Austauschs zu schaffen. Der sollte allerdings nicht allzu weit von Versailles entfernt liegen, wo alle Staatsmacht konzentriert war. 1774 erwarb de Monville ein Grundstück am Rand des königlichen Jagdwaldes von Marly. 1775 begann er mit dem Bau der ersten Gartengebäude. 1776 konnte er weiteres Land dazukaufen und erhielt die Genehmigung, seine Besucher den königlichen Wald durchqueren zu lassen.

Le Désert bezeichnet in diesem Fall eine Einöde im Sinne einer Einsiedelei, ein Rückzugsgebiet. *Retz* ist eine alte Form für *roi*, König, und verweist auf den Besitzer des umliegenden Waldes. Als Erstes baute Monsieur de Monville in seinem *Désert* einen Tempel, den er Pan widmete, dem griechischen Gott des Waldes, und ein Chinesisches Haus. Letzteres war so massiv und geräumig, dass der Bauherr und seine Familie darin wohnen konnten. Denn in diesem Garten stand nie ein Schloss oder Herrenhaus. Es gab lediglich Staffagebauten, französisch *fabriques* oder *folies*. Erst durch solche Schmuckarchitekturen erhielt ein Englischer Garten seinen Sinn. Sie definierten die Stimmung und die Bedeutung einer Szene. Die einzelnen Szenen waren durch Pflanzungen und Erderhebungen blickdicht voneinander getrennt. Verbunden wurden sie einerseits durch den sich windenden Serpentinenweg, andererseits über gezielt freigeschlagene Sichtachsen. Auf dem sich schlängelnden Weg wurde man von Überraschung zu Überraschung geleitet. Die nächste Szene war jeweils hinter der nächsten Biegung verborgen. Standen Gebäude oder andere Objekte über Blickschneisen in Beziehung zueinander, waren sie grundsätzlich nicht auf direktem Weg zu erreichen, man war jedoch aufgefordert, einen Zusammenhang herzustellen. So sollte man zum Beispiel dem Nebeneinander einer Kirche und einer Synagoge oder einer Moschee sowie dem Gegenüber von einem griechischen Tempel und einer gotischen Ruine einen Sinn zuschreiben, etwa über die Gegenüberstellung eines vollständigen klassischen und eines ruinösen gotischen Gebäudes nachdenken. Da die Szenen sich in allen europäischen Landschaftsgärten ähnelten und häufig wiederholten, war man im Entschlüsseln dieser Botschaften geübt. Man darf das nicht mit wirklicher Bildung verwechseln. Es war vielmehr ein gewohnheitsmäßiges Decodieren immer wiederkehrender Motive und Szenen, so wie wir heute wiederkehrende Motive und Anspielungen in den populären Kultursparten erkennen oder wiedererkennen, im Film, in der Musik, in populärer Literatur, in Serien.

In der Aufforderung, angedeutete Bezüge herzustellen und so am Ende insinuierte Geschichten selbst zu vollenden, offenbart sich der literarische Charakter des Englischen Gartens. Dessen Erfinder und frühe Paten waren Schriftsteller, Dichter und Philosophen, nicht etwa Gärtner, Maler oder Architekten (und zunächst tatsächlich keine Frauen). Die Schlösser oder Herrenhäuser wurden in das neuartige Konzept atmosphärischer Bedeutungen und in das Netz von Sichtachsen mit einbezogen. Meistens handelte es sich jetzt um italienischen Villen nachempfundene klassizistische Landhäuser. Sie wurden vom Garten aus wie Staffagebauten inszeniert. Das konnte so weit gehen, dass das Wohnhaus die Gestalt einer Ruine erhielt. Ganz auf ein

Wohnhaus zu verzichten und selbst in einen der Staffagebauten zu ziehen, war allerdings eine besonders radikale Variante, einen Landschaftsgarten zu bewohnen.

François Racine de Monville wollte, dass Staffagearchitektur und Vegetation als harmonisches Ganzes im gleichberechtigten Nebeneinander eine gemeinsame Geschichte erzählen. Es ist die Geschichte von der Ebenbürtigkeit aller Kulturen, von ihrem Aufstieg und Niedergang und davon, wie sie sich gegenseitig anregen und befruchten, unabhängig davon, wie weit sie geographisch oder historisch voneinander entfernt sein mögen – eine aufklärerische Utopie. Für deren Inszenierung ließ de Monville über 4000 Pflanzen aus den königlichen Gewächshäusern in Versailles liefern, darunter exotische Arten. Für diese hegten die letzten Ludwigs auf dem Thron eine besondere Vorliebe. Sie symbolisierten ihnen Reichtum, Macht und koloniale Vorherrschaft. Entsprechend wurden sie als herausstechende Details in die geometrische Schmuckdramaturgie im Garten einsortiert. In Monsieur de Monvilles Wunderwald erhielten sie eine andere Bedeutung: Um ein entsprechendes Gebäude herum gesetzt, sollten diese Pflanzen zusammen mit einem ihnen atmosphärisch entsprechenden Gebäude den Charakter einer vergangenen Zeit oder einer entfernten Weltgegend zum Ausdruck bringen. Bäume wurden geschickt so gepflanzt, dass die den Park umgebende Mauer nie zu sehen war und der Eindruck entstand, diese Landschaft der gleichberechtigten stimulierenden Kulturen breite sich in alle Richtungen immer weiter aus.

Über fünfzehn Jahre verwandelte de Monville vierzig Hektar Wald in ein Fantasialand. Der klassische Pan-Tempel, von dem nur Reste erhalten sind, dominierte von der Mitte aus weite Teile der Anlage. Monsieur de Monville pflegte dort Harfe zu spielen. Zu den erhaltenen Bauwerken gehören ein sogenannter Kleiner

Altar auf einer großen Lichtung und eine Pyramide, die wie in vielen Landschaftsgärten über einem Eiskeller errichtet war. Sechs Meter tief reicht der gemauerte Raum darunter. In ihm lagen die im Winter aus dem künstlichen See geschnittenen Eisblöcke zum Kühlen von Getränken und Zubereiten von Speiseeis bereit.

In dem künstlichen See liegt die künstliche Insel der Glückseligkeit. Auf ihr stand früher ein türkisfarben und gelb gestreiftes Tatarenzelt mit einem Kuppeldach nach »siamesischer Art«, alles aus bemaltem Blech. Im Inneren befand sich ein Waffensaal. Die Außenhaut wurde 1989 rekonstruiert, während vom Chinesischen Haus in unmittelbarer Nachbarschaft nur Grundmauern übrig sind. Zentral im räumlichen Sinn wie mit Blick auf die Rolle, die der Ort für den Hausherrn spielte, war eine Freiluftbühne unter Ulmen, die in Resten noch erkennbar ist. Früher schmückte sie ein Flachrelief, das Bacchus als Kind auf seinem von Amoretten gezogenen Streitwagen zeigte. Von hier aus entfaltete sich der Wald rundum als Bühne der Natur, auf der sich die Kulturen der Welt zur Feier ihrer Vielfältigkeit und Größe vereinten. Die Aufführungen, die auf der Bühne gegeben wurden, sollten dies ebenfalls spiegeln.

Das Gelände grenzte an die Besitzungen der Abtei von Joyenval. Auf deren Grund stand die Ruine der Kapelle Saint-Jacques de Retz aus dem 13. Jahrhundert. Seit Anfang des 16. Jahrhunderts nicht mehr genutzt, verfiel sie zusehends. Gotische Ruinen gehörten neben klassizistischen Tempeln zu den häufigsten Staffagebauten im Landschaftsgarten. Die Gotik wurde mit einer untergegangenen Epoche der Freiheit assoziiert. In der in die Höhe strebenden Architektur erkannte man Muster des Natürlichen wieder. Dass die Streben statischen, nicht ästhetischen Gesetzmäßigkeiten folgten, wusste man noch nicht. Die Ruine passte also zum neuen Kult des Natürlichen. Die gotische Bauweise erinnerte an die Formen der Natur, und als Ruine präsentierte sie Architektur in einem Zustand, den die Natur bewirkte. Ruinen standen darüber hinaus für die Vergänglichkeit der menschlichen Kultur, gleich welcher, und nicht zuletzt für den mit dem neuen Naturkult einhergehenden Kult des sogenannten Erhabenen. Der Begriff bezeichnete das wohlige Erschauern angesichts von Phänomenen, die zunächst einschüchternd oder auch erschreckend wirkten, die man aber trotzdem genoss. Die Einführung der Kategorie war eine notwendige Konsequenz aus der sensualistischen Umorientierung des Blicks auf die Welt. Wer die Natur zum ästhetischen Maßstab erklärt, muss alle Phänomene integrieren können, die sie bereithält, selbst die extremen. Die Berge etwa, die nackten Alpen gar, waren mit dem herkömmlichen Schönheitsbegriff nicht zu fassen, der auf Proportion, Zahlenharmonie und Symmetrie beruhte. Im Erhabenen stellte das aufgeklärte 18. Jahrhundert dem Schönen eine ästhetische Kategorie an die Seite, die aus der Landschaftsbetrachtung gewonnen worden war und sich deswegen vor allem für die Landschaftsbetrachtung anbot. Sie erlaubte das Vergnügen am Unregelmäßigen, am Spannenden, am Erschreckenden, in letzter Konsequenz sogar am Hässlichen. In der Ruine fand sie ihr architektonisches Symbol. Deswegen gehörten gotische Ruinen zur Standardausstattung der neu entstehenden Landschaftsgärten.

In der Regel waren gotische Ruinen Fake wie alle historisierenden Gebäude in Landschaftsgärten. In Le Désert de Retz konnte der Bauherr mit Saint-Jacques eine echte eingefallene Kapelle aus dem 13. Jahrhundert in sein stimmungsvolles Weltkulturensemble eingemeinden. Die Kapelle hat ihm allerdings nie gehört. Er hatte mit der Abtei lediglich einen Erbpachtvertrag über deren Nutzung abgeschlossen. Doch das war unproblematisch, da die Nutzung darin bestand, die Ruine anzuschauen.

in ihrem gepflanzten Umfeld zu bewundern, sie zu den anderen Gebäuden im Garten in Beziehung zu setzen und dabei ein wohlig schauriges, im Sprachgebrauch der Zeit: ein erhabenes Erlebnis zu haben. Erst während der Revolution wurde die Kapelle dem Désert zugeschlagen.

Heute sind noch zehn der einst siebzehn Gebäude vorhanden, zum guten Teil nur in mehr oder weniger eindrucksvollen Restbeständen. Die längst um ihre seltenen Arten beraubte Vegetation konnte lange wuchern. Trotzdem ist der Effekt immer noch überwältigend. Das liegt an dem wichtigsten der Gartengebäude. Es bildete bei Aufführungen den spektakulären Kulissenhintergrund der Freilichtbühne. Es ist so solide, dass der Bauherr und seine Familie aus dem Chinesischen Haus dorthin umziehen konnten, nachdem es 1782 fertiggestellt war. Aber es ist eindeutig kein Schloss, streng genommen nicht einmal wirklich ein Gebäude. Zunächst sieht man es nicht. Wer Le Désert de Retz heute betritt, gelangt über wiederhergestellte Serpentinenwege am wiedererrichten Tatarenzelt auf seiner Insel und den Grundmauern des Chinesischen Hauses vorbei an eine Wegbiegung, hinter der sich der Blick in ein wieder freigeschlagenes Wiesental zwischen hohen Bäumen auftut, darin der Kleine Altar und die Reste des Pan-Tempels. Dann sieht man die Säule.

Es ist der Stumpf einer abgebrochenen Säule, wie sie Tempelvorhallen schmücken. Man kennt das von Stichen. Es handelt sich um eine Säule in Dorischer Ordnung mit sechzehn Kanneluren. Die sind allerdings jeweils zwei Meter breit. Zehn Meter misst der Stumpf im Durchmesser, 25 Meter ist er hoch. Nach den klassischen Regeln der Proportion wäre der Tempel, zu dem diese Säule gehört hätte, 120 Meter hoch gewesen. Die Wucht des Eindrucks hält auch nach der ersten Überraschung an. Das liegt an der Originalität dieses Baus und an seiner schieren Größe, die uns über den

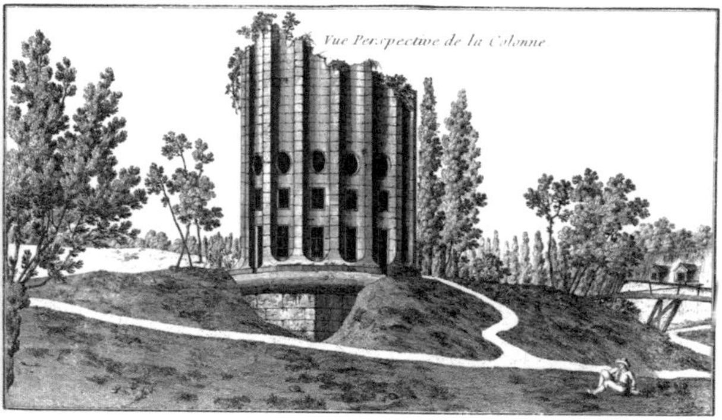

Die Säule von Le Désert de Retz, 1785

simulierten Zustand als Torso ja eine noch viel ausladendere Dimension phantasieren lässt. Man hat diesen Effekt im 18. Jahrhundert das *mathematisch Erhabene* genannt: das Entwickeln eines inneren Bildes, angeregt durch einen äußeren Reiz, den man im Geist vervielfältigt. Heute erinnert das an die Rechenoperationen eines Computers, der ein unvollständiges Bild aus vorhandenen Informationen ergänzt. Genau das soll unsere Phantasie vor dem Säulenstumpf leisten.

Die Wirkung der Säule ist nicht zuletzt darauf zurückzuführen, dass sie mit viel Liebe zum Detail gestaltet wurde. Das fängt mit dem Fundament an. Es ist zum Teil freigelegt, zum Teil von Erde und Gras bedeckt, wie es häufig auf Stichen von Ausgrabungsgeländen zu sehen ist. Auch sonst stimmen die Details vom Fundament über den Sockel bis zur Bruchkante. Im oberen Drittel zeigen sich sogar unregelmäßige Risse im Gemäuer. Von innen sind sie mit Glas abgedichtet. Es sind die Fenster der Dienstmädchenzimmer. Denn das Innere der spektakulären Kulisse beherbergt komprimiert den vollständigen Haushalt eines Landsitzes. Die Stockwerke werden über eine hölzerne, von einer Lichtkuppel überwölbte Wendeltreppe erschlossen.

Das Pultdach darüber ist von außen nicht zu sehen. Jede Etage hat ihre ästhetische Variation der Kommunikation mit der Umgebung: Terrassentüren im Erdgeschoss, quadratische Fenster im ersten Stock, ovale im zweiten, die Mauerrisse im dritten. Manche dieser Öffnungen sind in Trompe-l'œil-Malerei nur vorgetäuscht, um die Symmetrie zu wahren. Denn sosehr der Effekt der Säulenruine ein erhabener ist, so ist doch der ursprüngliche Bau, den wir uns vorstellen sollen, ein in seinen Proportionen vollendeter klassischer Tempel. Und das ist im Landschaftsgarten das paradigmatische Motiv des Schönen. Zur Innenausstattung gehörten königsblaues Toile de Jouy, Tapeten, Holzschnitzereien, Wandleuchter aus vergoldetem Kupfer, Mahagonimöbel, Stiche und Gemälde. Spiegel weiteten die eher kleinen Zimmer optisch. Topfpflanzen waren über die Räume und das Treppenhaus verteilt. Sie stellten die Verbindung zwischen dem Interieur und der Umgebung her, ein osmotischer Austausch zwischen Staffagebau und Garten.

Viel ist über die Ideen spekuliert worden, die de Monville zu diesem Bauwerk bewogen haben mögen, für das ein Vorbild nicht bekannt ist. Zahlreiche Anspielungen an freimaurerische Gedanken finden sich auf dem Gelände. Die abgebrochene Säule dürfte auch in diesem Zusammenhang ihre Bedeutung haben. Manche fühlen sich an den Turmbau zu Babel erinnert. Außer Frage steht, dass der in der Philosophie wie in der Architektur gleichermaßen dilettierende Bauherr die Säule in die Mitte seiner gebauten und gepflanzten Meditation über Aufstieg, Größe und Verfall der Zivilisationen gesetzt hat, vielleicht als eine Art *memento mori* im Angesicht der Vergänglichkeit aller Kultur und aller Kulturen?

Ab 1778 hatte die Familie de Monville im Chinesischen Haus gewohnt. 1782 zog sie in die Säule, die gleichzeitig mit der Eiskeller-Pyramide, dem Tatarenzelt und dem Initiations-Felsen am Eingang entstanden war. Inzwischen hatte man sich mit der Stadt Saint-Germain über die Wasserversorgung geeinigt. Le Désert de Retz war vollendet. Nun wurde es genutzt: Es gab Einladungen, Empfänge, Konzerte und Theateraufführungen auf der Freilichtbühne. Diesen Aspekt der repräsentativen Kultur des Barock, im Garten eine Bühne für die Künste und für die Inszenierung von Spektakeln und Festen zu sehen, hat de Monville übernommen. Allerdings war die Kulisse eine andere, mit ihr die Botschaft. Und die sollte möglichst viele erreichen. Wer anständig gekleidet war und Eintritt zahlte, war eingeladen, de Monvilles Zauberwelt zu erleben. Außerdem lud der Hausherr ein. Und sie kamen: die Maler Carmontelle und Hubert Robert ebenso wie Benjamin Franklin und Thomas Jefferson, damals Gesandter der Vereinigten Staaten in Paris. Königin Marie Antoinette machte hier gern Rast auf ihren Jagdausflügen und fand Anregungen für ihren *hameau* in Versailles. Kaiser Franz Joseph II. von Österreich war da. Und König Gustav III. von Schweden bat bei seinem Besuch im Jahr 1784 um Pläne und Stiche. Er war gerade dabei, seine Residenzen in und um Stockholm nach den neuen Ideen auszubauen.

Mehr noch als bei Gebäuden spielen Bilder, vor allem Stiche, eine entscheidende Rolle für die Bekanntheit und in der Folge für den Einfluss von Gartenanlagen – sowohl in ihrer Zeit als auch in der Kunstgeschichte. Dabei fielen die von Bauherren beauftragten Ansichten nicht selten ein bisschen raffinierter oder auch fertiger aus, als sie es in Wirklichkeit je waren. Solche Stichwerke waren die wichtigste Grundlage für die Verbreitung neuer Gartenstile. Das galt für den Französischen ebenso wie für den Englischen Garten. Ideen verbreiten sich konkret, nicht abstrakt. In den Stichsammlungen fand man Anregungen für Experimente und konkrete Lösungen bei der Gestaltung eines Gartens.

Dass Le Désert de Retz schon bald weithin bekannt war, verdankte sich einem verlegerischen Projekt, das einen nicht unbedeutenden Anteil an der Durchsetzung der Kategorie eines *jardin anglo-chinois* im französischen Sprachgebrauch gehabt zu haben scheint. Verantwortlich war der Kartograph, Architekt und Kupferstecher Georges Louis Le Rouge. Allzu viel wissen wir nicht über ihn. Wahrscheinlich war er ein Sohn des Architekten Louis Rémy de la Fosse (auf dessen Planung ein Heckentheater im Park von Herrenhausen zurückgeht). Zunächst könnte er beim Vater in Darmstadt gelebt haben. Ab 1736 scheint er in Paris gewesen zu sein. Er stach und importierte militärische Karten. Das Geschäft lief aber nicht gut. Und so erweiterte er das Programm um Gartenpläne und Ansichten aus bekannten Parks. Le Rouge hat seine Gartenstiche in querformatigen Bänden publiziert, die er *cahiers* nannte. Sie sind heute die wichtigste Quelle zu Stand und Verbreitung des Landschaftsgartens in Frankreich im Jahrzehnt vor der Revolution. Ab 1775 arbeitete Le Rouge an der Serie, die schließlich mit 492 Kupferstichen in zwanzig Bänden als *Nouveaux jardins à la mode* (1776–1787) weit verbreitet war. Der 21. Band hätte 1789 erscheinen sollen – kein gutes Jahr, um Werbung für die Refugien adeliger Grundbesitzer zu machen. Die Revolution bedeutete das Ende für Le Rouges Geschäftsmodell. Im Jahr 1789 verliert sich jede persönliche Spur von ihm. Sein Todesdatum ist nicht bekannt.

Bleibt das Werk. *Nouveaux jardins à la mode* gilt als eine der umfangreichsten Publikationen des späten 18. Jahrhunderts zur Gartenkunst. Beschrieben und gezeigt werden Gärten in England, Deutschland und Italien, vor allem aber in Frankreich. Eine eigene Sektion unter den französischen Gärten nehmen die *jardins anglo-chinois* ein. Le Rouge gehörte zu denen, die den Begriff nicht nur verwendeten, sondern auch begründeten. Er tut dies klar in der Absicht, die Herkunft des neuen, nicht-formalen Gartenstils von England weg zu verlagern.

Ein ganzes von Le Rouges *cahiers*, die Nummer 13 (1785), ist Le Désert de Retz gewidmet. Es bietet eine vollständige Bestandsaufnahme nach der Fertigstellung in 26 Stichen, einschließlich der Geschossgrundrisse und Innenräume der Säule und des Chinesischen Hauses mitsamt seinen Nebengebäuden und einem eigenen kleinen abgesonderten Garten. Das macht gerade das Projekt Le Désert de Retz zum schlagenden Beispiel dafür, dass chinesische Wohn- oder Teehäuser, Pavillons und vereinzelt auch Pagoden in den Landschaftsgärten gleichberechtigt neben Repräsentanten all der anderen zitierten Kulturen stehen. Sie sind ein Stimmungselement, das mit bestimmten Ideen assoziiert wurde, unter vielen.

Die Revolution erreichte auch François Racine de Monville. Auf Anraten seines Bankiers verkaufte er 1792 seine Immobilien, zwei Pariser Stadtpalais und Le Désert de Retz. Vom Erlös spendete er viel für patriotische Zwecke. Trotzdem wurde er im Mai 1793 verhaftet Er starb am 8. März 1797 einsam und verschuldet in Paris. Der Désert ging beim Verkauf ausgerechnet an einen Engländer. Am 19. Oktober 1793 wurde das Gelände beschlagnahmt. Soweit transportabel, verbrachte man die exotischen Pflanzen ins Musée national d'histoire naturelle. Das Mobiliar wurde im benachbarten Montagne Bon Air (Saint-Germain-en-Laye) versteigert. Mehrere Besitzerwechsel folgten. Zeitweise wohnte Frédéric Passy in der Säule, der 1901 zusammen mit Henry Dunant den ersten Friedensnobelpreis erhalten sollte. Er kaufte Le Désert de Retz 1856 und lebte dort mit seiner Frau und zwölf Kindern. Nachkommen blieben bis 1949. Danach hielt niemand mehr den Verfall der Bauten und die Verwilderung des Waldes auf. Die Säule wurde von einer künstlichen zu einer tatsächlichen Ruine inmitten

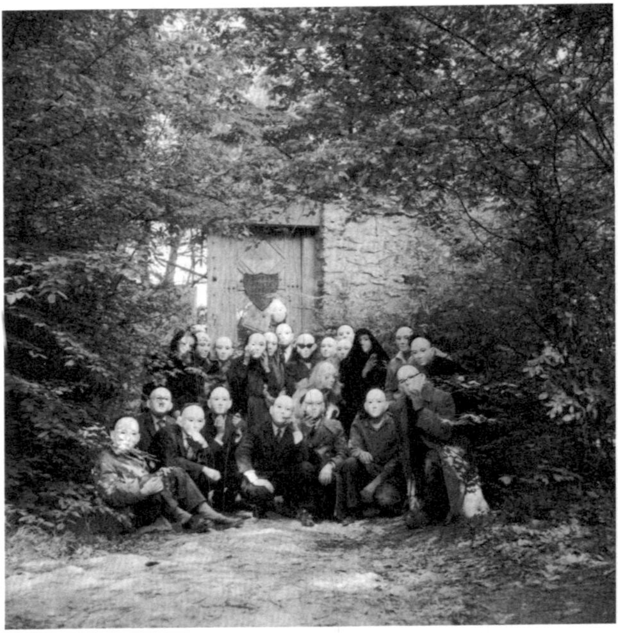

Denise Bellon, *Surrealisten mit Masken in Le Désert de Retz,* April 1960

einer verwildernden Natur, deren Wildheit ursprünglich nur inszeniert war – ein surrealer, wenn nicht surrealistischer Anblick.

Und tatsächlich waren es Surrealisten, die das fast schon verlorene Paradies wiederentdeckten und so wahrscheinlich retteten. Im April 1960 unternahm eine Gruppe surrealistischer Künstlerinnen und Künstler um André Breton einen Ausflug nach Le Désert de Retz. Auf zwei Fotografien von Denise Bellon sieht man sie zum Gruppenbild versammelt, auf einer tragen sie alle die gleiche weiße Maske. Fünf Jahre später kam der Schriftsteller André Malraux, der 1959 zum ersten Kulturminister Frankreichs ernannt worden war. Er war so beeindruckt, dass er den Zustand des Gartens und seiner verbliebenen Bauten vor der Nationalversammlung anprangerte und einen Gesetzentwurf vorlegte, der Eigentümer, die unter Denkmalschutz stehende Sehenswürdigkeiten verfallen lassen, verpflichtet, sich an der Finanzierung einer von der Regierung initiierten Restaurierung zu beteiligen. Das Gesetz trägt seinen Namen. Es trat am 30. Dezember 1966 in Kraft. Le Désert de Retz war der erste Ort, auf den es angewandt wurde.

Zu diesem Zeitpunkt war der Zustand längst desaströs. 1972 wurden dann Rettungsarbeiten eingeleitet, erste Sanierungen fanden statt. 1984 übernahm eine Immobiliengesellschaft, gab ihre Restaurierungspläne aber wieder auf. 1986 wurde eine Gesellschaft zur Rettung von Retz gegründet. Aber auch deren Plan ging nicht auf. Als Weihnachten 1999 ein verheerender Sturm über die Region fegte, war immerhin die Säule gesichert und restauriert. Schließlich übernahm die Gemeinde Chambourcy Le Désert de Retz 2007 für einen symbolischen Euro. Seither kümmert sie sich um den Garten, macht ihn zugänglich und bemüht sich in pragmatischen Schritten, das Erhaltene zu bewahren und Zustände wiederherzustellen.

Méréville und die Domaine de Jeurre

Neben Le Désert de Retz gehörte Méréville zu Frankreichs bedeutendsten und am dichtesten mit *fabriques* oder *folies*, also mit Staffagebauten bestückten Landschaftsgärten der ersten Generation. Der Garten entstand im Tal des Flüsschens Juine etwa siebzig Kilometer südwestlich von Paris. Der Vergleich macht anschaulich, wie sehr Charaktere und persönliche Vorlieben die Gestaltung der Programme von Landschaftsgärten prägten. Schon der Renaissancearchitekt Leon

Battista Alberti hatte bemerkt, ein Garten solle den Charakter seines Bauherrn spiegeln, heute würde man ergänzen: oder seiner Bauherrin. Die Landschaftsgärten des 18. Jahrhunderts wurden manchmal fast schon zu Denkmälern für die Marotten derer, die sie gestalteten.

1786 kaufte Jean-Joseph de Laborde die Domäne Méréville, einer der reichsten Bankiers des Landes und einer der Finanziers des Ancien Régime. Er ließ ein neues Schloss bauen und begann, einen Landschaftsgarten anzulegen. Dazu engagierte er bekannte Künstler, unter ihnen Claude Joseph Vernet und Hubert Robert. Robert war einer der bekanntesten Landschaftsmaler des Landes. Seine Vorliebe für Ruinenmotive hatte ihm den Spitznamen »Robert-les-Ruines« eingebracht. Die Vorliebe war Teil eines künstlerischen Konzepts von Landschaft, das Hubert Robert nicht nur zum bekannten und erfolgreichen Maler werden ließ, sondern auch zu einem der gefragten Berater für Landschaftsgärten. In Versailles hatte er sogar das Boskett der Bains d'Apollon in entsprechender Manier umgestaltet und von den Arbeiten stimmungsvolle Gemälde angefertigt. Wie sich überhaupt immer wieder Naturszenen auf seinen Bildern finden, die er selbst zuvor der Landschaft hinzugefügt hatte.

Um die pittoreske Wirkung des Tals zu optimieren, wurde die Juine umgeleitet. Das klingt nach einer extremen Maßnahme, war aber im Zuge der großen Landschaftsgartenprojekte nicht selten, wenn das Gelände es erlaubte und das notwendige Kapital vorhanden war. De Laborde und Hubert Robert orientierten sich beim Entwerfen ihrer künstlichen Landschaft an englischen Vorbildern. An das berühmte Stowe etwa erinnerten ein Kenotaph (also ein Grabmal als Erinnerungsort, kein tatsächliches Grab) für Captain Cook und eine sogenannte Rostralsäule, eine ursprünglich meist mit erbeuteten Rammspornen verzierte Säule, hier zum

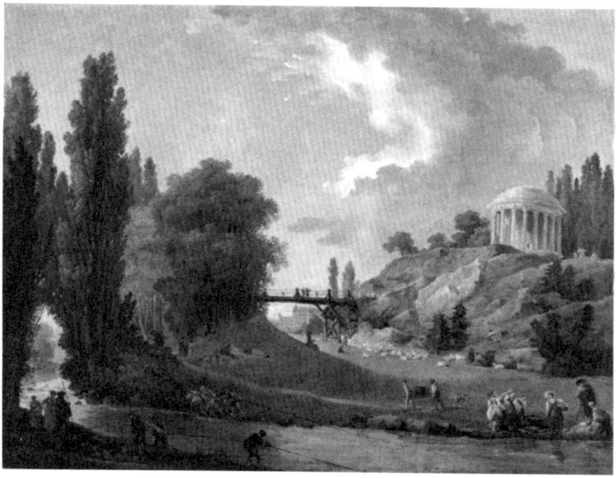

Hubert Robert, *Brücke und Tempel der kindlichen Frömmigkeit in Méréville*, um 1790

Andenken an de Labordes Söhne, die beide 1786 auf einer Expedition des Weltumseglers Jean-François de La Pérouse ums Leben gekommen waren. Beides findet sich in Stowe. So ist gleichzeitig den verstorbenen Söhnen, dem britischen Naturforscher, dem englischen Vorbildgarten und der allgemeinen Begeisterung des Bauherrn für die Seefahrt ein Denkmal gesetzt. Diese Mehrfachcodierung von Szenen und Denkmälern gehört zum Prinzip des frühen Landschaftsgartens.

Über zehn Jahre wurde unter Hubert Roberts Anleitung im Garten von Méréville gearbeitet. Bis zu 700 Arbeiter waren auf der Baustelle beschäftigt. Der fruchtbare Boden an den Ufern der Juine ließ exotische Bäume und andere seltene Pflanzen gedeihen. An de Labordes Jugend im Baskenland und in den Pyrenäen erinnerten steinige Gebirgspassagen einschließlich Wasserfall, Grotte, Felsentreppe und verschiedene Brücken, eine davon in künstlich ruinösem Zustand. Eine Meierei wurde idyllisch in die Szenerie eingepasst.

Besonders markant und bald berühmt war ein Rundtempel mit dorischen Säulen am Abhang zum Fluss. Solche Rotunden nach Vorbild des Tempels der Sibylle in Tivoli sind das mit Abstand häufigste historische Architekturzitat in europäischen Landschaftsgärten. In Ermenonville werden wir ihm in seiner vielleicht originellsten Variante wiederbegegnen. Wem oder was der Tempel jeweils gewidmet war, oblag persönlichen Vorlieben. In Méréville war es mit Blick auf de Labordes Tochter die kindliche Frömmigkeit. Eine Zeichnung von Claude Lorrain, dem prägenden Maler für die Ikonographie des frühen Landschaftsgartens, vom Original in Tivoli trug zu dessen Bekanntheit bei. Als Landschaftsmaler und Gartengestalter kannte Hubert Robert die Zeichnung. Er inszenierte den Tempel der kindlichen Frömmigkeit über der Juine, als sei es der Tempel der Sibylle über dem Aniene, dem Nebenfluss des Tiber, über dem Tivoli liegt. Später malte Hubert Robert diese von ihm selbst inszenierte Szene. Im Pariser Parc Buttes-Chaumont platzierte Gabriel Davioud 1867 im Rahmen der Haussmannisierung der Stadt eine Rotunde mit dem Namen ›Tempel der Sibylle‹ an der Abbruchkante des ehemaligen Steinbruchs, den er dort zum Park umbaute – eine Reverenz an Tivoli und die römische Antike, aber auch an Méréville, Hubert Robert und das französische 18. Jahrhundert.

Jean-Joseph de Laborde blieb nach der Revolution in Méréville. Er widmete sich weiter seinem Garten. Doch 1794 wurde er vor ein Tribunal gestellt, zum Tod durch die Guillotine verurteilt und gleich hingerichtet. Seine Witwe heiratete 1815 de Labordes Sohn Alexandre. Eine Weile lang hielten die beiden Hof in Méréville. Chateaubriand gehörte zu ihren Gästen. Doch dann verkauften sie den Besitz an einen Monsieur d'Espagnac. Der verkaufte an einen Grafen von Saint-Roman, der der Anlage weitere *fabriques* hinzufügte, darunter einen Schweizer Bauernhof, bevor auch er wieder verkaufte. Den neuen Besitzer interessierte Méréville lediglich als Holzwirtschaft. Er ließ das Gros der Bäume fällen und schlug ein, als sich die Gelegenheit bot, die Gebäude ebenfalls zu Geld zu machen.

Gekauft hat sie der Besitzer der dreißig Kilometer von Méréville entfernten Domaine de Jeurre, ein kunstsinniger Mann, dem Geist der Zeit entsprechend leidenschaftlicher Eklektizist. Alexandre Henri Dufresne de Saint-Léon, Jahrgang 1820, war selbst Künstler. Das Musée d'Orsay zeigt Werke von ihm. 1880 erhielt er den Ersten Preis in der Sparte Bildhauerei des Prix de Rome. Einem Onkel hatte er die Domaine de Jeurre abgekauft, um sich fortan um deren Verschönerung im Geist des späten 19. Jahrhunderts zu bemühen. Zu der Zeit blühten die unterschiedlichsten Spielarten des Historismus in der Architektur auf. Aber auch die eklektizistische Kombination unterschiedlicher Stile steht für jene Zeit eines industriellen Aufschwungs, eines bürgerlichen Selbstbewusstseins und einer sich beschleunigenden Moderne. Vor diesem Hintergrund ist der damalige Historismus nicht etwa als Rückkehr in die Vergangenheit misszuverstehen. Es handelt sich vielmehr um eine selbstbewusste Aneignung von Elementen der Vergangenheit zur Ausstattung der Gegenwart, die eine eigene Formensprache noch nicht gefunden hatte.

Als Alexandre Dufresne erfuhr, dass der Park von Méréville demoliert werden sollte, nutzte er die Gelegenheit und kaufte die Fassade der Meierei, den Tempel der kindlichen Frömmigkeit, den Kenotaph für James Cook und die Rostralsäule. Er ließ die Bestandteile auf das Gelände der Domaine de Jeurre transportieren. Für die Ausgestaltung seines Schlosses verwendete er mit Vorliebe Elemente aus anderen Epochen und historischen Zusammenhängen. Der Haussmannsche Abrissfuror in

Paris bot dafür reichlich Gelegenheit. Dufresne erwarb immer wieder Spolien von abgebrochenen Immobilien. Besonders stolz war er auf zwei Skulpturen aus dem Haus der Madame Pompadour in der Rue Ménard, die er im Treppenhaus seines Schlosses inszenierte.

Dufresnes Sohn Arthur engagierte den Landschaftsgestalter Achille Duchêne, um die Trophäen aus Méréville möglichst effektvoll im Park von Jeurre zu positionieren. Das war der jüngere der beiden Rekonstrukteure von Vaux-le-Vicomte. Arthur Dufresne setzte die Entwicklung des Hauses zu einem Denkmal des Eklektizismus fort. Er fügte ihm die Fassade des Hôtel d'Anglade aus der Rue des Archives hinzu, das dem Bau der neuen Hauptpost hatte weichen müssen. Neben dem Schloss von Jeurre, das mit seinen verschiedenen historischen Fassaden die Klassifizierung als *folie* selbst verdient, haben so immerhin vier der wichtigsten Gartengebäude aus Méréville ein Nachleben. Nachdem Méréville zwischenzeitlich einer japanischen Pensionskasse gehört hatte, hat die Regionalregierung von Île-de-France das Schloss mit seinem Park gekauft und verfolgt einen Sanierungsplan.

Ermenonville

Der erste Englische Garten in Frankreich war der in Ermenonville. Es war, wie schon erwähnt, einer der ersten Landschaftsgärten auf dem Kontinent überhaupt und damit ein Modell für alle nachfolgenden.

René Louis Marquis de Girardin wurde 1735 in Paris geboren. Er hat einige Schriften hinterlassen, darunter eine mit dem Titel *De la composition des paysages* (1777). Die Domäne Ermenonville erbte er 1762. Die Landwirtschaft war lukrativ. Bald konnte er Land hinzukaufen und es nach seinen Vorstellungen gestalten.

Das Schloss, heute ein Hotel, liegt auf einer Insel in dem kleinen Fluss Launette. Es ist also ein typisches französisches Wasserschloss. Der Marquis ließ es im Stil seiner Zeit modernisieren. Von den Salons aus hat man schöne Blicke in die nördlichen Gartenpartien zu beiden Seiten des Flusses, den sogenannten *petit parc*, der nahtlos in den Wald übergeht. Westlich schloss sich ein *désert* an, Ermenonvilles kultivierte Wildnis. Sie gehört schon lange nicht mehr zum Schlossgelände. Damals handelte es sich um weitgehend naturbelassenes, von Felsen durchsetztes Heideland. Ende des 19. Jahrhunderts wurde der fruchtbare Boden abgetragen. Er war in den Pariser Gärtnereien besonders begehrt. Zum Vorschein kam gelblicher Sandboden, auf dem ab 1963 unter dem Namen ›La mer de Sable‹ Wild-West-Shows gezeigt wurden und seit 2005 wechselnde Veranstalter ihr Glück mit Vergnügungsparks versuchen. Wenige Kilometer entfernt verkörpert seit 1989 ein ›Parc Astérix‹ eine weitere populäre Variante eines zeitgenössischen Vergnügungsparks, der seine Wurzeln in den auf Abwechslung und sinnliche Eindrücke abzielenden Landschaftsgärten des 18. Jahrhunderts hat.

Das Herz von Ermenonville ist der *grand parc* südlich des dreiflügeligen Schlossbaus jenseits der Landstraße. Im Zuge des Umbaus hatte Girardin die Mauer zur Straße hin niederlegen lassen und so den Blick auf das Gelände geöffnet, auf dem er seine Gartenphantasien verwirklichen wollte. Die pittoresk modellierte Stauung des Flusses brachte einen großen und einen kleinen See hervor, um die sich Wege schlängeln. Von der durchkomponierten, weniger mit Gebäuden als mit Denkmälern reich bestückten Anlage ist wenig erhalten, das aber vermittelt eine Idee dessen, was hier einmal gewirkt hat. Seit 1985 ist der Park unter dem Namen ›Parc Jean-Jacques Rousseau‹ im Besitz des Départements.

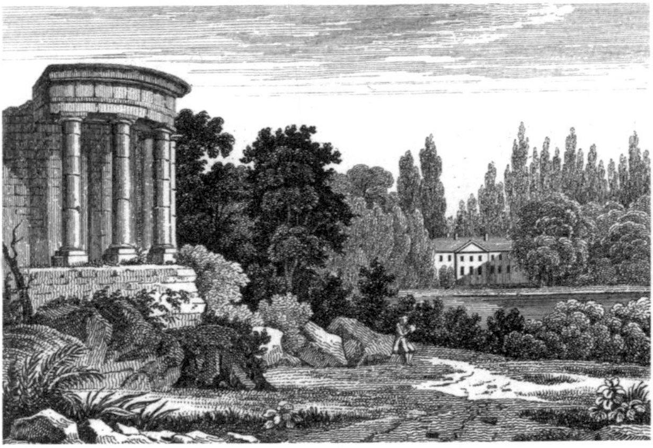

Ermenonville, Tempel der modernen Philosophie,
im Hintergrund das Schloss, 1835

Eine Stiftung kümmert sich um den Erhalt und eine schrittweise Wiederherstellung.

Als der Marquis die Domäne erbte, hatte sich der Landschaftsgarten in England längst etabliert. Wie erwähnt, spielten Literaten und ihre Texte dabei eine prägende Rolle. Auch für Girardin kam der Anstoß, das Abenteuer eines Gartens nach den ganz neuen Regeln der Kunst zu wagen, aus der Literatur. In England hatte ihn vor allem der um eine idyllische Musterlandwirtschaft erweiterte frühe Landschaftsgarten The Leasowes des Dichters William Shenstone überzeugt. Für diesen war der Garten so sehr Bestandteil seines literarischen Schaffens, dass er den Plan der Anlage in die zweibändige Ausgabe seines Gesamtwerks einbinden ließ. 1761 war in Frankreich zudem Jean-Jacques Rousseaus *Julie oder Die neue Heloise. Briefe zweier Liebender aus einer kleinen Stadt am Fuße der Alpen* erschienen. Der Text inszeniert die alpine Landschaft als Inbegriff des Natürlichen sowie deren stimmungsvolles Zitat im Garten. Er prägte das Landschaftsbild der europäischen

Aufklärung, die literarische Entfaltung der Empfindsamkeit (einschließlich eines kurzen heftigen Aufflammens der literarischen Form Briefroman), eine sich ausbreitende Sehnsucht nach dem Hochgebirge, einen modischen Trend zu ländlich-idyllischen Lebensformen und nicht zuletzt die Etablierung des Landschaftsgartens in Frankreich.

Mit zahlreichen kleinen Inszenierungen am Wegesrand machte Girardin Ermenonville zum Ort einer praktizierten Philosophie im Einklang mit der Natur, in der die Liebe ihren Platz haben sollte, im Garten heißt das: eine Chance auf Erfüllung. Dafür stand unter anderem *Gabrielles Turm*, ein mittelalterlich anmutendes Gebäude auf einer kleinen Insel. Über seinen Namen war es mit einer lokalen Legende verbunden, nach der sich Gabrielle d'Estrées, Mätresse Heinrichs IV., hier mit dem König getroffen haben soll. Es gab einen chinesischen Kiosk, eine Hütte von Philemon und Baucis, eine Grotte der Najaden. Man stieß auf Reverenzen an Vergil, Petrarca, den Schweizer Idyllendichter Salomon Gessner, William Shenstone, Voltaire und immer wieder auf Zitate von Rousseau und nachgestellte Schauplätze aus *Julie oder Die neue Heloise*. Eine Müttern und Familien gewidmete Bank war von Rousseaus Erziehungsroman *Émile* inspiriert.

Mittelpunkt des Parks ist die Sichtachse von einem Tempel zu einer künstlichen Insel im künstlichen See und umgekehrt. Sie ist erhalten und allein die Reise nach Ermenonville wert. Der Tempel trägt den Namen Tempel der modernen Philosophie. Von hier aus schaut man hinunter auf das Grab von Jean-Jacques Rousseau. Im Unterschied zu vielen ähnlichen Inszenierungen im Garten ist dieses Grab keine bloße Reminiszenz, sondern echt. Zumindest ist es das gewesen.

Als der Garten fertig war, lud der Marquis de Girardin Rousseau ein, nach Ermenonville zu kommen und sich das Ergebnis anzusehen. Er kam, krank und geschwächt, am 20. Mai 1778 mit der Postkutsche aus Paris. Er bezog einen der alten Schlosspavillons an der Landstraße. Seine Frau folgte ihm. Am 2. Juli absolvierte Rousseau gewohnheitsmäßig einen Morgenspaziergang. Danach starb er, wahrscheinlich an einem Schlaganfall. Am 3. Juli nahm ihm der Bildhauer Jean Antoine Houdon die Totenmaske ab. Am 4. Juli um Mitternacht wurde er auf der Insel im See in einem von Pappeln umstandenen Grab beigesetzt. Die bis dahin Schwaneninsel genannte Insel wurde in *Île des peupliers* (Pappelinsel) umbenannt. Unter dem Namen Rousseau-Insel ist sie über Stiche und Bilder schnell in ganz Europa bekannt gewesen und zu einer der meistkopierten Szenen in den Gärten im neuen Stil geworden. In Wörlitz bildet die Rousseau-Insel eine Art Auftakt zum Landschaftsgarten und seinem Programm. Man findet (oder fand) sie im Berliner Tiergarten, in Ludwigslust, Burgsteinfurt, Althaldensleben, Herrnsheim oder im polnischen Nieborów (*Arkadia*). Zunächst stand eine Urne auf einem würfelförmigen Sockel auf dem Grab. Sie wurde 1781 durch den Sarkophag ersetzt, der heute noch zu sehen ist und dessen Inschrift lautet: »Ici repose l'homme de la nature et de la vérité.« (»Hier liegt ein Mann der Natur und der Wahrheit.«) Der Entwurf stammt von Hubert Robert. Wieder ließ der es sich nicht nehmen, die letztlich von ihm gestaltete künstliche Naturszenerie in einem Landschaftsgemälde noch einmal zu stilisieren.

Die *Île des peupliers* wurde schnell zum Wallfahrtsort. Im September 1776 war als drittes Heft von Georges Le Rouges *Nouveaux jardins à la mode* eines über Ermenonville erschienen. Nun kam die Prominenz. Schon 1777 hatte der österreichische Kaiser Franz Joseph II. neben Le Désert de Retz auch Ermenonville einen Besuch abgestattet. Dasselbe tat der schwedische König Gustav III. 1783. Marie Antoinette war 1780 da, eine steinerne Bank erinnert daran. Nach 1789 pilgerten die Revolutionäre nach Ermenonville: Mirabeau, Danton, Desmoulins, Saint-Just. Robespierre soll als junger Anwalt ebenfalls da gewesen sein, das ist aber nicht verbürgt. Als der Zustrom zu groß wurde und immer mehr Graffiti in den Kenotaph geritzt wurden, sperrte der Marquis die Insel für Besucher.

Die Pappelinsel ist gedanklich untrennbar mit dem Tempel der modernen Philosophie verbunden, einem der originellsten Gartengebäude in einem europäischen Landschaftsgarten überhaupt. Wie ihr Vorbild, der Tempel der Sibylle in Tivoli, thront die Rotunde auf einer Anhöhe. Sie sieht aus wie eine Ruine. Allerdings ist der Tempel nicht etwa verfallen oder beschädigt, er befindet sich noch im Bau. Das Gebäude der modernen Philosophie, so die Botschaft, ist begonnen, aber längst nicht fertig. Und so wie unsere Phantasie den 120 Meter hohen Tempel von Le Désert de Retz vervollständigt, so sollen wir uns den vollendeten Tempel einer modernen Philosophie vorstellen. Als Motto steht Vergils »Rerum cognoscere causas« (»Den Dingen auf den Grund gehen«) über dem Eingang. Einige Elemente sind schon verbaut. Die anderen liegen bereit. »Quis hoc perficit?« (»Wer wird dies vollenden?«) ist auf einer beschädigten Säule am Eingang zu lesen und auf deren Sockel: »Falsum stare non potest« (»Das Falsche kann nicht bestehen«). Sechs Säulen in toskanischer Ordnung stehen bereits. Jede ist mit einem Namen und mit einem mit diesem verbundenen Thema versehen: Newton, *lucem* (Licht); Descartes, *nihil in rebus inane* (Es gibt nichts Leeres in der Natur); Voltaire, *ridiculum* (Spott); W. Penn, *humanitatem* (Menschlichkeit); Montesquieu, *iustitiam* (Gerechtigkeit) und natürlich J.-J. Rousseau, *naturam* (die Natur). Neben dem halbfertigen Tempel liegen weitere Säulen und die Hälfte des gewölbten Dachs im Gras. Auf ihnen können wir rasten, während wir die Landschaft und das Grab des Mannes betrachten, dessen Geist sie atmet, und uns Gedanken über die Zukunft machen.

Die Suggestivkraft dieser Inszenierung hat in 250 Jahren nichts eingebüßt. Die Metapher von der Philosophie als einem Tempel ist ins Konkrete gewendet. Subtil werden wir zu Kollaborateurinnen und Kollaborateuren gemacht und zur Beteiligung an einer kollektiven Baumeisterschaft aufgerufen. Es ist ein starkes Denkmal der Zuversicht und ein selbstbewusster Wechsel auf die Zukunft. Die Aufklärung hat sich selbst nicht in erster Linie als Erfüllung und Ergebnis der Geschichte betrachtet, sondern vielmehr als Anfang und Aufbruch, als Anstoß zu einer Entwicklung, deren Ergebnisse die Zukunft noch bringen muss. Nicht zuletzt dafür steht der Tempel der modernen Philosophie von Ermenonville.

Zur Philosophie der Natur gesellt sich in Ermenonville das Totengedenken. Das war nicht geplant. Es folgt aber einer Tradition, die die Gartengeschichte durchzieht. Wer der Natur huldigt, denkt früher oder später an den Tod, den eigenen wie den der Lieben und Bewunderten. Schließlich gehört das Sterben zum natürlichen Lauf der Dinge. Schon das Grab Rousseaus im Garten war ja kein Projekt, sondern die Folge eines Zufalls, aus dem Girardin allerdings den größtmöglichen Effekt im Sinne des sentimental-aufklärerischen Landschaftsgartens herausholte. Am Ufer des Sees mit Blick auf Rousseaus Grab findet sich ein weiterer Grabstein. Darauf ist (auf Deutsch) zu lesen: »Hier liegt George Friederich Meyer, aus Strasburg geburtig, ein redlicher mann und ein geschickter mahler«.

Es gibt ein Aquarell, das Rousseau beim Herbarisieren in Ermenonville zeigt, einen fragilen schlanken Herrn im hellblauen Rock, den Dreispitz unterm Arm, einen Wanderstock in der einen, Blumen in der anderen Hand. Es stammt von jenem hier begrabenen G. F. Meyer (1733–1779). Er war 1777 als Haus- und

Georg Friedrich Meyer, Porträt Jean-Jacques Rousseau botanisierend mit Blumenstrauß in Ermenonville, um 1779

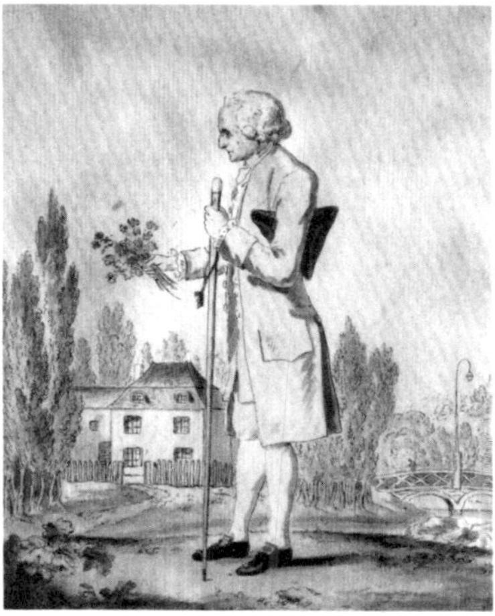

Deutschlehrer und als Maler nach Ermenonville gekommen. Wie Rousseau sollte auch er den Ort nie wieder verlassen. Als er 1779 starb, ließ der Marquis ihn ebenfalls im Park beisetzen. Aber damit nicht genug. Da ist noch ein Grab. Es ist das Grab eines Unbekannten, ein Monument einer drastischen Episode aus der blühendsten Phase der Empfindsamkeit. Der Tote ist ein Vertreter einer Generation, die Goethes *Die Leiden des jungen Werther* nicht nur gelesen, sondern durchlitten hat, in diesem Fall offenbar mit allen Fasern von Körper und Seele. Der junge Mann kam 1791 nach Ermenonville, um sich hier und nirgends sonst aus Liebeskummer zu erschießen. Bei sich hatte er einen Brief mit der Bitte, in der Nähe des Autors von *Julie oder Die neue Heloise* begraben zu werden. Girardin gewährte es.

Die wohl für die Ewigkeit gedachte Nachbarschaft zum verehrten Dichter währte nicht lang. Rousseau blieb nicht auf der Pappelinsel. Die Revolutionäre wollten seine sterblichen Überreste in Paris sehen. Für viele von ihnen war Rousseau ein Held. Er sollte an einem öffentlichen Ort verehrt werden können, nicht im privaten Lustgarten eines Adeligen liegen, selbst wenn dessen Schöpfer den Ideen der Revolution zugetan war. Schon früher hatte Girardin sich sozialreformerischen Gedanken gegenüber aufgeschlossen gezeigt. Aufgrund seines Engagements für seine Bauern und gegen die Obrigkeit war er sogar ins Visier des Ancien Régime geraten und hatte das Land verlassen müssen. Im Norden grenzt sein Besitz an den des Fürsten von Condé, des Herrn in Chantilly. Mit ihm gab es Streit über ausbleibende Entschädigungen nach Verwüstungen durch Condésche Jagdgesellschaften auf Girardinschem Grund. Es war der Streit zwischen dem Bewahrer eines der großen Le-Nôtre-Gärten auf der Seite der alten Adelsherrschaft und dem Schöpfer des ersten Englischen Gartens in Frankreich als Anwalt der geschädigten Bauern. Der Marquis vertrat die Position seiner Pächter so offensiv, dass ihm Republikanismus unterstellt wurde. Um einer Verhaftung zu entgehen, floh er nach Belgien. Erst nach dem Sturm auf die Bastille kam er zurück. Voller Enthusiasmus schloss er sich der Revolution an, hielt Reden im Jakobinerklub. 1791 veröffentlichte er einen *Discours sur la nécessité de la ratification de la loi par la volonté générale*. Genützt hat es nicht viel. Im August 1793 wurde er verhaftet und mit seiner Familie in Ermenonville unter Arrest gestellt. Der Garten wurde von Revolutionären verwüstet. Dass sie buchstäblich auf den Ideen des von ihnen gern zitierten Rousseau herumtrampelten, war ihnen anscheinend nicht bewusst.

1791 war die umgebaute Pariser Kirche Sainte-Geneviève als nationales Panthéon bedeutender Persönlichkeiten (lange ausschließlich Männer) eröffnet worden. Als Ersten hatte man den revolutionären Marquis de Mirabeau mit Pomp dort beigesetzt. Der wurde 1793 allerdings wieder entfernt, weil er nicht mehr als verehrungswürdig galt. Am 11. Juli 1791 war Voltaire in das Panthéon überführt worden. Rousseau sollte ihm folgen.

Heute stehen die Sarkophage der beiden am Eingang zur Krypta wie philosophische Wächter des revolutionären Allerheiligsten. Vor Voltaire steht dessen berühmte Statue von Houdon. Rousseaus Sarkophag ist dem von Hubert Robert auf der Pappelinsel in Ermenonville nachgebildet. Rousseau hätte es mit Sicherheit vorgezogen, dort begraben zu bleiben, als noch über den Tod hinaus in einem Atemzug mit dem von ihm nicht übermäßig geschätzten Voltaire genannt zu werden. Als Rousseau am 30. Mai 1778 in Ermenonville von Voltaires Tod erfuhr, soll er gesagt haben: »Meine Existenz war an seine gekettet. Ich werde nicht versuchen, ihm zu folgen.« Einen Monat später war Rousseau tot. Und schon bald sollte er Voltaire in das Panthéon folgen.

Der Marquis de Girardin wehrte sich zwei Jahre lang gegen die Überführung, vergebens. Am 9. Oktober 1794 um neun Uhr morgens verließen Rousseaus sterbliche Überreste die Pappelinsel und Ermenonville. Es war ein Triumphzug der Revolution. Er dauerte drei Tage, je nach Lager von 9. bis 11. Oktober 1794 oder vom 18. bis zum 20. Vendémiaire des Jahres III. Girardin hat es nicht selbst erlebt. Nach dem Sturz Robespierres im Sommer 1794 waren er und seine Familie frei gekommen. Sie verließen Ermenonville und kehrten nie wieder zurück.

Als Napoleon Bonaparte und seine Frau Joséphine am 10. Fructidor des Jahres VIII, also am 28. August 1800, nach Ermenonville kamen, war der Ort längst eine nationale Pilgerstätte. Er zog die Menschen als Begräbnisort des von vielen verehrten Jean-Jacques Rousseau an, obwohl er selbst nicht mehr vor Ort war. Und er galt als herausragendes Beispiel für eine Übertragung philosophischer Ideen in die Landschaftsgestaltung, kurz gefasst und auf die französischen Verhältnisse um die Jahrhundertwende projiziert: der Englische Garten als Alternative zum Französischen.

Das Ehepaar Bonaparte kam von seinem Landhaus Malmaison herüber. Joséphine hatte dort einen Englischen Garten vorgefunden. Der war allerdings arg verwildert, nachdem die Eigentümer von den Revolutionären ins Gefängnis geworfen worden waren. Während Napoleon sich für seinen privaten Landsitz eine Anlage im Stil des Jardin des Tuileries vorstellte, plante Joséphine einen Garten in englischer Manier. Einer der engagierten Gartenplaner beschwerte sich, ihr würde es nur um Effekte, Kontraste und Sentiment gehen. Prägnanter lässt sich das Konzept des Landschaftsgartens der ersten Generation kaum zusammenfassen.

Im Garten von Malmaison hatte inzwischen Jean Marie Morel die Arbeiten übernommen. Nach seinem Dafürhalten hatte die Welle neu entstehender Landschaftsgärten vor allem mit dem sozialen Status und der politischen Situation von Revolutionsflüchtlingen zu tun, die jetzt zurückkehrten. Morel war auch in Ermenonville tätig gewesen. Doch Girardin und er hatten unterschiedliche Vorstellungen. Schließlich hatte der Marquis klare Ideen von seinem Landschaftsgarten. Ihm ging es um sentimentale Effekte, schnelle Botschaften, klar identifizierbare Anspielungen, einen philosophischen Geist. Nach dem Vorbild des von ihm bewunderten William Shenstone in The Leasowes gestaltete er die künstliche Natur wie ein Dichter unter Verwendung von literarischen Motiven und mit Hilfe von Anspielungen, Texten und Inschriften. Dass das nicht unbedingt der französischen Schule eines Gartens entsprach, nicht einmal in einem Landschaftsgarten, liegt auf der Hand. In Malmaison war die Lage eine andere. Dort gab es unterschiedliche Auffassungen zwischen Monsieur und Madame und Letztere war als Vertreterin der Englischen Schule weder so bewandert noch so entschieden wie der Marquis de Girardin. Joséphine Bonaparte ließ sich von ganz unterschiedlichen

Gartenmodellen inspirieren, etwa vom Pariser Jardin des Plantes, von Anlagen, die sie in London gesehen hatte, und von der Wiener Residenz Schönbrunn. Von dort ließ sie Pflanzen nach Malmaison überführen. Sie wünschte sich außerdem eine Meierei wie in Marie Antoinettes *hameau* und eine Menagerie, die jene des Jardin des Plantes übertrumpfen sollte. Der Ausflug nach Ermenonville diente also mit Sicherheit der Inspiration für die weitere Gartengestaltung. Vor allem aber war es der Besuch des Ersten Konsuls an jenem Ort, an dem die Ideen Jean-Jacques Rousseaus konkret zu greifen waren wie vielleicht nirgends sonst. Es waren Ideen, die der Revolution und damit Bonapartes Karriere Vorschub geleistet hatten.

Wie die meisten seiner Generation hatte Napoleon *Julie oder Die neue Heloise* als Dokument einer existenziell, nämlich sentimental erfahrenen Menschlichkeit im Einklang mit der Natur verschlungen. Doch seine Meinung über das Wesen des Menschen hatte sich inzwischen verändert, besonders nach dem Ägypten-Feldzug. Der Mensch sei seiner Natur nach ein Hund, fand er jetzt. Auf der Pappelinsel am Sarkophag befand der Erste Konsul: »Für den Frieden Frankreichs wäre es besser gewesen, wenn es diesen Mann nie gegeben hätte.« Auf Nachfrage des damaligen Hausherrn Stanislas de Girardin legte er nach: »Er war es, der die Französische Revolution vorbereitet hat.« Auf Girardins Einwand, er sehe nicht, dass ausgerechnet der Bürger Erster Konsul Grund habe, sich über die Revolution zu beschweren, sagte Bonaparte: »Nun, die Zukunft wird zeigen, ob es für den Rest der Welt nicht besser gewesen wäre, wenn weder Rousseau noch ich je existiert hätten.«

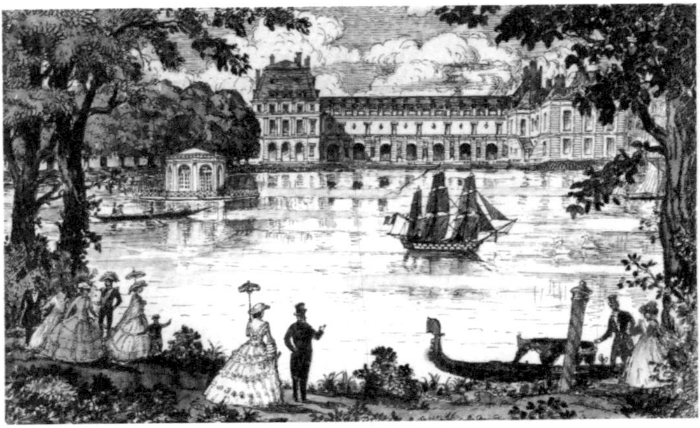

J.P. Alaux, *Fontainebleau*, Blick auf den Karpfenteich
mit der Fregatte des kaiserlichen Prinzen, 19. Jahrhundert

Romantische Wälder

Compiègne, Courances, Fontainebleau, Barbizon, Giverny

Wälder haben die französischen Gärten immer geprägt. Im Barock wurden die Anlagen den Wäldern abgetrotzt und lange Sichtschneisen hineingeschlagen. Das waren neue, spektakuläre Effekte in der Kunst der Gartengestaltung. Die frühen Landschaftsgärten muten an wie kunstvoll inszenierte Lichtungen im Wald und können als Wirklichkeit gewordene Metapher der Aufklärung gelesen werden. Der nächsten, der ersten romantischen Generation war weniger die Lichtung als der Wald selbst ein zentraler Ort der Erfahrung der Welt: reine, unverstellte, dunkle Natur, in der die vereinzelte Seele im Dickicht der Orientierungslosigkeit verlorengeht. So wurde der Wald fast schon so etwas wie ein Zuhause für den unbehausten romantischen Menschen auf der Suche nach sich selbst.

Im Wald von Ermenonville

Der berühmte Garten im Wald von Ermenonville blieb auch während der Romantik ein Pilgerort. Hier ließ sich nach Jahrzehnten üppig wachsender Vegetation ein Schwebezustand zwischen Kunst und Natur erleben, der der romantischen Idee von den Künsten, vom Leben und von der Natur entgegenkam: einer Idee des Übergangs, der Suche nach etwas Jenseitigem, des Versuchs, Grenzen zu überschreiten. Das galt für die Malerei wie für die Literatur oder die Musik. Ein durchkomponierter Landschaftsgarten, wie man ihn damals kannte, mit seinen schematisch durchgehaltenen Serpentinenwegen, kalkulierten Sichtachsen und auf alt getrimmten Neubauten passte nicht in dieses Konzept, ein ehemals in dieser Manier angelegter Park dagegen, der in seiner Struktur versehrt und seiner Denkmäler weitgehend beraubt war und zunehmend verwilderte, dagegen perfekt.

Komm in den totgesagten park und schau:
Der schimmer ferner lächelnder gestade
Der reinen wolken unverhofftes blau
Erhellt die weiher und die bunten pfade.

Das dichtete der Spätromantiker Stefan George kurz vor Ende des 19., des romantischen Jahrhunderts. Er formulierte noch einmal das nebulös Schwebende, das ein gleichberechtigtes Ineinander von äußerer Natur und innerem Erleben fast immer begleitet. Er findet es in einem nicht mehr seiner ursprünglichen Funktion gerecht werdenden, einem »toten« oder doch »totgesagten« Park. »Und schau:« Es ist das Einswerden von dem, was man anschaut, und dem, was man fühlt, also dem, was romantische Kunst in der Landschaft, in einer unberührten Natur, aber auch im Garten sucht. Dass in diesem konkreten, auf gewisse Weise totgesagten Park von Ermenonville tatsächlich gestorben worden war und Tote begraben lagen, noch dazu ein Naturphilosoph, ein Maler und ein verzweifelt Liebender, dass man deren Grabstätten aufsuchen konnte, während man durch ein Zwischenreich aus wirklich existierender Landschaft und poetischen Phantasien wandelte, das beförderte die Aussicht auf ein perfektes romantisches Erlebnis. Victor Hugo war da, George Sand, Alphonse de Lamartine, Gérard de Nerval …

Nerval hat Ermenonville literarisch verewigt. Er hat ein anrührendes Beispiel dafür hinterlassen, wie die romantische Generation die Naturdarstellung der Aufklärung in der Literatur wie im Garten einerseits zurückweist, sie sich andererseits aber doch noch einmal anverwandelt. Neben der Natur ist die unglückliche, unvollendete oder unerwiderte Liebe eines der großen Themen der Romantik. Die Erzählung, in der Nerval den Garten von Ermenonville literarisch inszeniert, bringt schon im Titel den Traum von einer Geliebten und den Wald als Ort von Inspirationen und Visionen zusammen: *Sylvie*. Guillaume Apollinaire berichtet in *La vie anecdotique*, Nerval habe sich, als er 1853 an dem Text arbeitete, für eine Woche nach Chantilly zurückgezogen, um einen ganz bestimmten Sonnenuntergang zu beobachten, den er dann beschreiben wollte. Die Domäne von Chantilly grenzte an die von Ermenonville. Dort ist der Erzähler der Geschichte wie ihr Autor Nerval als Kind und Jugendlicher oft gewesen. In Erinnerung daran wandert er durch den Wald dorthin. Aber: »Nach Ermenonville gibt es heute keine direkte Straße mehr«. Die Bemerkung ist nicht nur geographisch zu verstehen, sondern vor allem metaphorisch.

Sylvie ist ein paradigmatisches Stück romantischer Literatur, das die Grenze zwischen wirklich Erlebtem und bloß Phantasiertem unentwegt in beide Richtungen überschreitet, um nicht zu sagen: ignoriert. So beschreibt Nerval, wie er im Park den Turm der Gabrielle wiederentdeckt. Doch der ist den Zerstörungen der Revolutionäre zum Opfer gefallen. Anders als in der Literatur der Aufklärung werden in romantischen Erzählungen und Gedichten solche Assoziationen, aber auch Emotionen, manchmal sogar Visionen von konkreten Auslösern unabhängig. Das Prinzip der Landschaftsgärten der Aufklärung – durch bestimmte Auslöserreize bestimmte Emotionen und Gedanken zu provozieren – funktionierte für diese Generation nicht mehr. »Das Land ist dort, wie bei Ermenonville«, sagt das erzählende Ich in *Sylvie* über die Region um Chantilly, »übersät mit diesen leichten Bauten vom Ende des 18. Jahrhunderts, als philosophisch bewegte Millionäre sich bei ihren Plänen vom damals herrschenden Geschmack inspirieren ließen.« Nerval formuliert die Veränderung, die sich in der Wahrnehmung solcher Szenen in der Zwischenzeit vollzogen hat. Es ist die Verschiebung von einer aufklärerischen zu einer romantischen Sicht auf die Natur, auf die Landschaft und auf die Künste.

> »Manchmal drängt es mich, diese Orte der Einsamkeit und Träumerei wiederzusehen. Traurig finde ich dann in mir selbst die flüchtigen Spuren einer Epoche wieder, in der das Natürliche unnatürlich geziert war; manchmal lächle ich, wenn ich auf einem Granitfelsen gewisse Verse von Roucher lese, die mir erhaben vorgekommen waren – oder Wohltätigkeitsmaximen auf einem Brunnen oder in einer dem Pan geweihten Grotte. Die für teures Geld ausgehobenen Teiche breiten vergeblich ihr totes Wasser aus, das der Schwan nun verschmäht.«

Aber Ermenonville war anders. Der Erzähler nimmt es ausdrücklich aus: »Ermenonville! Landschaft, wo die antike Idylle noch blühte …!« Und so pilgert er durch den Wald dorthin, Passagen aus Rousseaus *Die neue Heloise* im Kopf, die er für eine Geliebte rezitiert, von der nicht klar ist, ob es sie wirklich gibt. – »Manchmal nenne ich sie Lotte, und sie findet, ich hätte ein bisschen Ähnlichkeit mit Werther, bis auf die Pistolen, die aus der Mode gekommen sind.« Zwei Jahre nachdem er das geschrieben hat, nimmt sich Nerval das Leben.

Am Beispiel des Tempels der modernen Philosophie inszeniert Nervals Erzähler die Verschiebung beim

Blick auf eine Gartenszene. Es ist der Garten selbst, der sich verändert. Und das ist es, was den romantischen Dichter anzieht.

> »Als ich den See durch die Weiden- und Haselzweige schimmern sah, erkannte ich deutlich einen Ort, zu dem mich mein Onkel auf seinen Spaziergängen oft geführt hatte: den *Tempel der Philosophie*, den zu vollenden seinem Stifter nicht mehr vergönnt gewesen war. Er hat die Form eines Tempels der tiburtinischen Sibylle und bietet, noch halbwegs erhalten im Schutz einer Fichtengruppe, all jene großen Denkernamen dar, die mit Montaigne und Descartes beginnen und mit Rousseau enden. Das unvollendete Gebäude ist jedoch längst nur noch Ruine, Efeu umwindet es anmutig, Brombeerranken überziehen die geborstenen Stufen. … Zum Glück blüht noch Vergils Liguster, wie um die Worte des Meisters zu unterstützen, die über der Tür eingemeißelt sind: *Rerum cognoscere causas.* – Ja, dieser Tempel zerfällt wie so vieles andere, die vergesslichen oder ermüdeten Menschen werden sich abkehren von seiner Stätte, die gleichgültige Natur wird den Boden zurückerobern, den die Kunst ihr streitig gemacht hatte, aber der Durst nach Erkenntnis wird ewig bleiben, als Triebfeder jeglicher Kraft und Tätigkeit!«

Nerval bescheinigt dem Tempel denselben Zustand, in dem die Surrealisten Mitte des 20. Jahrhunderts die Säule von Le Désert de Retz vorfanden: Aus einem pittoresk unvollendeten Gebäude wird eine tatsächlich verfallende Ruine. Die Phantasie wird nicht mehr angeregt, das Gebäude und die mit ihm verbundenen Ideen und Geschichten zu vollenden, der Gedanke an den Verfallsprozess eines dem Untergang geweihten Gebäudes führt vielmehr eher zur Assoziation von etwas »Totgesagtem«, Verlorenem, von Vergänglichkeit, Verlust und Trauer. Nervals Passagen zu Ermenonville schwanken zwischen beidem hin und her. Als romantischer Literat will er diese Grenze nicht mehr ziehen. Der erste Schritt ist, sie nicht mehr wahrzunehmen. Natur existiert nicht mehr irgendwo draußen, sie entsteht in einem selbst. Das kann mitten im Wald sein, in der freien Landschaft oder auch in einem Park: »Während sie sang, wurde es unter den großen Bäumen dunkler und dunkler, und das Licht des aufgehenden Mondes fiel auf sie allein … . – Dann verstummte sie, und niemand wagte das Schweigen zu brechen. Leichte Nebelschwaden zogen über den Rasen und rollten ihre weißen Flocken um die Spitzen der Gräser. Wir kamen uns vor wie im Paradies.«

Diese Umkehrung des Landschaftserlebnisses – von der Inszenierung einer Gartenszene als erstem Schritt, dem als zweiter ein von dieser Inszenierung ausgelöstes Gefühl folgt, zu einem Aufspüren von Gefühlen, die sich in der Landschaft spiegeln – hat Folgen für die Idee vom Garten. Die soeben zitierte Nervalsche Gartenszene muss aus dem Moment heraus erlebt und dann nachträglich beschrieben werden. Sie ließe sich nicht gezielt provozieren oder auslösen, also nicht bauen. Der Garten erfährt im Verlauf des 19. Jahrhunderts eine Verschiebung: Während er als Motiv in der bildenden Kunst und in der Literatur eine größere Präsenz zu haben scheint als je zuvor, verliert er als konkreter Ort an Bedeutung. Diese Verschiebung ist eine Konsequenz aus der Fokussierung aller Künste auf das Thema des Unendlichen. Die Künste der Romantik suchen nach der Erfahrung des Unendlichen selbst, nicht nach seiner raffinierten Simulation. Im Barockgarten war sogar noch die Erfahrung des Unendlichen in schnurgeraden Schneisen rational kanalisiert. Der Landschaftsgarten simulierte das Erlebnis des Unendlichen in den sich windenden

Serpentinenwegen, die keinen Anfang und kein Ende hatten, sowie in der Verschleierung der Gartengrenzen durch das Verstecken der Mauern hinter Pflanzungen oder mittels unsichtbarer Gräben. Der Garten war zum Ort geworden, an dem sich das Unendliche erfahren ließ, allerdings eben nur als Simulation. Es waren durchschaubare Tricks, die diese Gärten unendlich erscheinen ließen. Zur Zeit der Aufklärung sah man darin kein Manko. Im Gegenteil, man feierte sich für die erfindungsreichen Techniken der Überlistung der Sinne. Für einen romantischen Maler oder eine romantische Dichterin, die in der Natur das Unendliche selbst erleben wollten, war das kein akzeptabler Umgang mehr mit der Herausforderung, die das Unendliche darstellt. Deswegen verschwinden die Serpentinen aus den Landschaftsgärten. Stattdessen entstehen große freie Rasenflächen und ausgedehnte Gewässer, in denen sich der Himmel spiegelt. Freiflächen werden von Baumgruppen und Solitären rhythmisch strukturiert wie Meere von Inseln und der Himmel von Wolken. So reflektieren nicht nur die Gewässer, sondern auch die Wiesen den Himmel und das Meer, die beiden Naturerscheinungen, an denen die Erde sich für die menschliche Erfahrung ins Unendliche weitet. *Fabriques* und *folies* findet man nur noch vereinzelt in den romantischen Landschaftsgärten. Die Mittel der Gartengestaltung sind stark reduziert, dabei sind die Flächen oft noch größer als zuvor. Der Garten streckt sich endgültig nach dem Wesen der Natur selbst. Die freien Räume machen entweder gar keine Vorgaben mehr, wie man sich in ihnen zu bewegen hat, oder sie werden statt über engkurvige Serpentinen durch großzügig geschwungene, mit dem Kurvenlineal gezogene, deutlich breitere Bahnen erschlossen. Auf ihnen fahren immer öfter leichte Wagen durch die Weiten eines Gartens. Künstlichkeit darf als solche wieder erkennbar sein. Schließlich ist der Garten

Kunst und nicht Natur. Das ist eine der Botschaften der neuen Gartenwege.

Erst dort, wo ein derart gestalteter Park in die ungestaltete Natur übergeht, bekommt es die Gartenkunst tatsächlich mit dem Unendlichen zu tun. Das hat immer etwas Erschreckendes, Bedrohliches an sich. Unmittelbar in der Nähe des Hauses dagegen kehren formale Elemente in den Garten zurück: beschnittene Bäume und Büsche, Rechtecke, Springbrunnen, Blumenbeete, Kanäle, Mauern und Terrassen. Es ist, als solle die formale Gestaltung uns vor der Erfahrung der unendlichen Weite schützen, die die Künste jetzt exzessiv ausloten und die der Garten inszeniert. Diese Zweitaktigkeit aus Inszenierung der Weite und Schutz vor ihr zeichnet romantische Landschaftsgärten aus.

Auch die romantische Reform des aufklärerischen Konzepts Landschaftsgarten ging von England aus. Die Veränderungen wurden dort ausgiebig theoretisch erörtert. An die Stelle des Erhabenen – das ganz auf die Eindrücke der Natur selbst gesetzt hatte – trat als neue Kategorie das sogenannte Pittoreske – das mit menschlichen Eingriffen und einer gewissen Künstlichkeit vereinbar war.

In Frankreich nahmen die großen romantischen Gärten eine etwas andere Form an als in England oder in Deutschland. Das hat damit zu tun, dass hier von Anfang an der Versuch unternommen worden war, formale Elemente aus dem Französischen Garten in die Landschaftsgärten hinüberzuretten. Dem französischen Weg, den Landschaftsgarten als Idee zu adaptieren (um nicht zu sagen: zu akzeptieren), ohne auf die große Tradition des Französischen Gartens ganz zu verzichten, kamen Debatten wie die um das Pittoreske entgegen.

Zu einem der wichtigen Protagonisten französischer romantischer Gärten wurde Gabriel Thouin. Sein Entwurf für den Pariser Jardin des Plantes steht paradigmatisch für das Nebeneinander von Landschafts- und formalem Garten, wie es die französische Gartenkunst des späten 18. und des 19. Jahrhunderts kennzeichnet. Dieser Entwurf ist nicht realisiert worden. Aber zahlreiche Gartenanlagen in und um Paris tragen Thouins Handschrift, nicht nur jene, die er selbst entworfen hat. Über die Gestaltung von einzelnen Anlagen hinaus engagierte sich Thouin als visionärer Publizist für die Sache des Französischen Gartens. Dabei hatte er sehr klare Vorstellungen. Er versuchte sich an der Aufgabe, der stolzen französischen Gartenkunst nicht das Rückgrat zu brechen, während er sie weiter für das inzwischen in ganz Europa vorherrschende englische Modell öffnete. Der Nachwelt ist er vor allem als Herausgeber seiner zuerst 1819 erschienenen *Plans raisonnés de toutes les espèces de jardins* ein Begriff. Da ihm an einer weiten Verbreitung seiner Ideen gelegen war, verzichtete er zunächst darauf, seine Gartenvisionen kolorieren zu lassen, um den Verkaufspreis niedrig zu halten. Koloriert wurden die Pläne erst für die dritte Auflage 1828.

Plans raisonnés ist eine Art Musterbuch für die französische Gartenkunst des 19. Jahrhunderts. Es übernahm für eine neue, romantische Generation des Landschaftsgartens in Frankreich eine ähnliche Funktion wie Dezallier d'Argenvilles *La théorie et la pratique du jardinage* (1709) für den Barockgarten und Le Rouges *Nouveaux jardins à la mode* (1776–1787) für den frühen Landschaftsgarten. Thouins Sammlung von Plänen enthält ausgeführte Entwürfe und nicht realisierte Visionen. Deren spektakulärste ist ein Vorschlag für die Umgestaltung von Versailles. In dieser Phantasie realisiert sich der Geist des französischen Gartens der Romantik konkret als gleichberechtigtes Nebeneinander von französischem und englischem Stil selbst noch im Allerheiligsten der französischen Gartengeschichte, in Versailles.

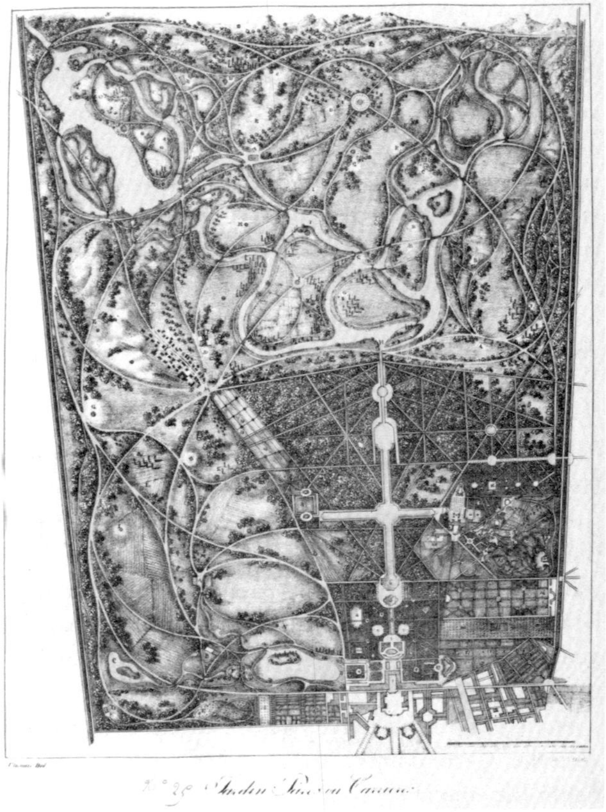

Gabriel Thouin, *Plans raisonnés de toutes les espèces de jardins*, Paris 1828, Entwurf für Versailles

Wie Le Rouge zieht Thouin gegen den Gedanken zu Felde, der Landschaftsgarten könne eine englische Erfindung sein. Ziergärten teilt er im Vorwort in symmetrische, englisch-chinesische und Landschaftsgärten ein. Schon diese Einteilung suggeriert, dass England in der Geschichte der Gartenstile keine herausragende Bedeutung zukommt, nicht ohne China an der Seite. Darüber hinaus spricht Thouin England explizit das Verdienst ab, den natürlichen Stil etabliert zu haben. Das sei vielmehr Charles Alphonse Dufresnoy (1611–1668) gewesen, ein Nachfolger André Le Nôtres. So bleibt die *Gloire* der Gartengeschichte über den stilistischen Bruch hinweg ganz bei der *Grande Nation*, die sich eben immer auch als *Grande Nation des jardins* verstanden hat.

Im Wald von Compiègne

Wie eine Anlage aussehen kann, die vom Thouinschen Geist geprägt ist, und wie das heute auf uns wirkt, lässt sich im Park des Palasts von Compiègne erleben, obwohl es sich nicht um einen Entwurf von Gabriel Thouin handelt. Der Garten geht auf den Architekten Louis Martin Berthault zurück. Dieser hatte 1806 auf Geheiß Napoleon und Joséphine Bonapartes die planerische Leitung für Compiègne übernommen, nachdem er zuvor schon in Malmaison für Frankreichs erstes Paar tätig gewesen war.

Neben Versailles und Fontainebleau zählt Compiègne zu den großen königlichen und zwischenzeitlich kaiserlichen Residenzen. Alle drei waren aus Jagdschlössern in den königlichen Wäldern hervorgegangen. Ludwig XIV., Ludwig XV., Napoleon I. und Napoleon III. ließen Compiègne jeweils im Geschmack der Zeit um- und ausbauen. Die sich abwechselnden Bezeichnungen für die Residenz spiegeln den Wandel der Regime: Im 17. Jahrhundert war noch von einem *louvre* die Rede, im 18. Jahrhundert setzte sich *château* durch, also Schloss, unter Napoleon III. *palais*, ein Palast für den Kaiser. Schon Ludwig XVI. wollte seine Herbstresidenz hierher verlegen. Die Kronjuwelen waren schon überführt. Dann kam die Revolution dazwischen. Erst im Zweiten Kaiserreich wurde Compiègne zur Residenz für die Jagdsaison im Herbst. Kaiserin

Eugénie schätzte den Ort so sehr, dass sie später als Exkaiserin im Exil eine Partie ihrer englischen Residenz Farnborough Hill Compiègne nannte. Im November und Dezember wurden mehrwöchige Festlichkeiten ausgerichtet. Napoleon III. und Kaiserin Eugénie luden zur Jagd und zu vielfältigen anderen Lustbarkeiten. Die Gäste wurden in einem Sonderzug von der Gare du Nord nach Compiègne gebracht. Franz Joseph I. von Österreich war ebenso dabei wie Ludwig II. von Bayern und Wilhelm I. von Preußen, aber auch Giuseppe Verdi, Eugène Delacroix, Gustave Flaubert und Alexandre Dumas. Aus Pariser Theatern wurden Inszenierungen ins Kaiserliche Palasttheater transferiert, das allerdings lediglich über zwei Bühnenbilder verfügte, eine Garten- und eine Stadtpartie. So musste man sich entscheiden, ob man Molières *Der eingebildete Kranke* im Garten oder auf einem Stadtplatz geben wollte. Aus Anlass dieser jährlichen sogenannten *séries* entstand 1857 der berühmteste und komplizierteste Test zur französischen Sprache überhaupt: das berüchtigte *Dicteé de Mérimée*. Der Schriftsteller Prosper Mérimée hatte in dieses Diktat denkbar viele Schwierigkeiten eingebaut, so dass keiner der Anwesenden in der Lage war, es ohne Fehler zu absolvieren. Der Kaiser machte 42 (nach anderen Angaben sogar 75) Fehler, die Kaiserin 62, Alexandre Dumas 24 (25). Am besten schnitt der österreichische Botschafter Richard Klemens von Metternich mit 3 Fehlern ab.

Der Französische Garten hinter dem Schloss ist nie fertig geworden. In der Dynamik des Baugeschehens spiegelt sich die rasche Folge gesellschaftlicher Veränderungen in Frankreich zwischen 1789 und 1871. Das Konzept der geplanten Barockanlage war überholt, bevor es umgesetzt war. 1798 war das Schloss vorübergehend Kaserne. Das bedeutete das Ende für einen guten Teil des barocken Parterres, der Beete und vieler weiterer Pflanzungen. Ein kleines Lustschloss, das Ludwig XV. für Madame Pompadour am Rand des Parks hatte bauen lassen, verschwand in dieser Zeit.

1810 verfügte Napoleon, sein Architekt Berthault solle sich des Gartens annehmen, und er stellte ihm eine praktisch unlösbare Aufgabe: Es musste ein moderner Garten sein, also einer im Landschaftsstil. Gleichzeitig befahl der Kaiser auf der Gartenseite, ganz barock, eine möglichst lange schnurgerade Schneise als Sichtachse durch den Wald. Sie erhielt den Namen Avenue des Beaux Monts und brachte es schließlich auf viereinhalb Kilometer Länge. Eine solche Achse war mit dem Konzept eines Landschaftsgartens allerdings schwer vereinbar. Grund war weniger eine gartenästhetische als eine familienpolitische Erwägung. Die Schneise war als Reminiszenz an die zentrale Blickachse im Barockpark von Schönbrunn gedacht. Napoleon hatte sich von Joséphine scheiden lassen, weil die Ehe kinderlos blieb. Neue Braut war die neunzehnjährige Marie-Louise von Österreich. Als sie in Frankreich ankam, ließ Napoleon sie zuerst nach Compiègne bringen. Die bombastische Zentralachse sollte sie beim Blick aus dem für sie eingerichteten Schlafzimmer an das Zuhause erinnern, aus dem sie und ihre Familie zweimal vor Napoleon hatten fliehen müssen. Am Ende der Achse wollte Napoleon einen Ruhmestempel errichten. Dazu ist es nicht mehr gekommen.

Die Schneise wurde geschickt in das Konzept eines Landschaftsgartens integriert, ohne den Effekt zu beeinträchtigen, für den sie bestellt war. Aus den mittleren Zimmern des Schlosses und von der Terrasse aus wirkt die schnurgerade Sichtachse spektakulär. Bewegt man sich im weitläufigen Gartengelände, ist sie als Achse kaum auszumachen. Und trotzdem wird immer wieder der Blick in die Weite geöffnet, ein romantischer Blick ins Unendliche.

Von der Terrasse unterhalb des Schlafzimmers der Königin führt eine Rampe in den Garten. Über sie wollte der Kaiser wirkungsvoll vorfahren, wenn er aus dem Wald kam. Zu Fuß gelangt man von der Terrasse aus über zunächst verborgene Treppen in einen Rosengarten, den Berthault 1820 anstelle des sogenannten *bosquet du Roi* des Französischen Gartens angelegt hat. Dessen symmetrisches Pendant, ein *bosquet de la Reine*, existiert noch. Der Rosengarten wurde Ende des 20. Jahrhunderts nach einer detaillierten Beschreibung aus dem Jahr 1821 aufwendig rekonstruiert. An seinem Rand ließ Berthault ein beheizbares Gewächshaus errichten. Diese architektonische Erweiterung des Gartens ins Interieur machte das Gartenerlebnis vom Wetter unabhängig. Idee und Technik waren wiederum Übernahmen aus England.

Auf die heimelige Sicherheit des Rosengartens folgt eine kultivierte Waldlandschaft mit geschwungenen Wegen. Sobald man die Schneise erreicht oder kreuzt, die den gestalteten Wald durchzieht, öffnet sich auf der einen Seite ein pittoresker Blick auf das sich entfernende Schloss, in der anderen Richtung immer wieder neu die Perspektive ins Unendliche, die sich zuerst aus den Fenstern des Palasts, dann noch nicht ganz ebenerdig von der Terrasse aus geboten hatte. Auf Erdniveau wirkt dieser Sog des Raums besonders stark. Der Effekt wird durch Hebungen und Senkungen im Gelände variiert und verstärkt. Immer wieder öffnen sich reizvolle Sichtachsen effektvoll innerhalb der künstlichen Naturlandschaft. So wirkt die gerade Schneise beim Durchstreifen nie langweilig. Dazu trägt die artenreiche Bepflanzung in unterschiedlichsten Grünnuancen bei. Es sind vor allem Sträucher, die hier den Raum rhythmisch strukturieren. Auf ausladend geschwungenen Wegen lässt es sich zwischen dieser Erfahrung der Weite und den weitläufigen Waldpartien zu beiden

Seiten der Schneise, die ebenfalls mit den unterschiedlichsten Baumsorten abwechslungsreich inszeniert sind, hin und her wandern. Um 1820 wurden hier 70 000 Bäume und Sträucher neu gepflanzt, darunter zahlreiche Importe. Napoleon III. ließ weitere Exoten hinzufügen, darunter Libanon-Zedern, Palmen, Granatapfelbäume, Lorbeer, Kamelien, Tulpenbäume.

Vor diesem Durchstreifen der Inszenierung des unendlichen Naturraums hatte der Rosengarten auf barocken Fundamenten ein Gefühl von Sicherheit geboten. Die stellt sich mitten im Wald in zwei langgezogen rechteckigen, saalartigen, von Hecken und beschnittenen Bäumen umstandenen Gartenräumen ein, die aus Serien kleiner formaler Gartenräume hervorgegangen sind. Es ist ein Hauch von Französischem Garten inmitten der wuchtigen romantischen Inszenierung des Unendlichen, ein Moment von Sicherheit angesichts einer tiefen Verunsicherung, die mit dem ernst genommenen Erlebnis der Unendlichkeit des Raums einhergeht. Ein natürliches Dach, das die beschnittenen Bäume an den Rändern bilden, verstärkt den Effekt. Durch einen Spalt blitzt der blaue, der unendliche Himmel. Doch hier ist man geborgen, abgeschirmt von einer verunsichernden Außenwelt. Im spiegelsymmetrischen Geist des formalen Gartens befinden sich die mit Skulpturen geschmückten Gartensäle auf gleicher Höhe zu beiden Seiten der Mittelachse. An einer der Schmalseiten steht jeweils ein quadratischer palladianischer Pavillon von Berthault als Abschluss der (pseudo)barocken Inszenierung eines Raums, der Schutz bietet vor der spektakulären romantischen Unendlichkeitsinszenierung der Mittelschneise und des Waldes, in den sie geschlagen wurde.

In Versailles hatte sich die Bezeichnung des durchgestalteten formalen Gartens als *petit parc* und der daran anschließenden, von Schneisen durchzogenen Wälder als *grand parc* durchgesetzt. Sie wurde für die französischen Landschaftsgärten übernommen, in Ermenonville ebenso wie in Compiègne. Hier umfasst der *grand parc* 766 Hektar. Er geht nahtlos in den Wald von Compiègne über, einen Erinnerungs- und Wallfahrtsort der französischen Geschichte des 20. Jahrhunderts. In einem Salonwagen hat Matthias Erzberger hier für Deutschland den Waffenstillstand zur Beendigung des Ersten Weltkriegs unterschrieben. Dem folgten jene Friedensverhandlungen in Paris, an deren Ende der Vertrag von Versailles stand. In einem symbolischen Vergeltungsakt ließ Hitler den Salonwagen im Juni 1940 aus dem Depot holen, um eine Abordnung Frankreichs am gleichen Ort im gleichen Wagen nun ihrerseits einen für sie vernichtenden Waffenstillstand unterzeichnen zu lassen. So wiederholt sich am Rand der französischen Gärten immer wieder das verheerende politische Prinzip der größtmöglichen symbolischen Demütigung des Gegners.

Im Wald von Fontainebleau

Neben dem Wald von Marly mit Versailles im Südosten und Saint-Germain-en-Laye sowie Le Désert de Retz im Nordwesten und dem Wald von Compiègne ist der Wald von Fontainebleau die wichtigste der royalen Domänen. Und nicht nur die Paläste von Versailles, Compiègne und Fontainebleau, sondern auch die jeweils aus den Wäldern geschnittenen Gartenanlagen sind zentrale Orte der Nation. Das gilt für die Gestalt der Gärten und deren Geschichte ebenso wie für die Haupt- und Staatsaktionen, die sich in ihnen spiegeln. Im Wald von Fontainebleau wird die romantische Annäherung der Kunst an die Natur schließlich im weiteren Verlauf des 19. Jahrhunderts auf spektakuläre Weise die Gartenmauern ganz überspringen, aus denen im 17. Jahrhundert schon Hecken und im 18. unsichtbare Gräben geworden waren.

Courances

Auf dem Weg nach Fontainebleau passiert man etwa vierzig Kilometer südöstlich von Paris am Rand des Waldes einen verzauberten Ort. Schichten aus fünf Jahrhunderten französischer Gartenhistorie überlagern sich hier zu einem besonders stimmungsvollen Ensemble. Es ist kein durchgestalteter Landschaftsgarten, obwohl er manchmal als solcher annonciert wird, und schon gar ist es kein barocker Park mehr. Aber einige Elemente aus dem Barock, noch mehr aus der Zeit der Renaissance, haben sich erhalten. Über die Jahrhunderte ist in Courances ein Garten jenseits der Stile entstanden, fast eine Kategorie für sich. Es handelt sich um eine Art Romantisierung des Erbes der Renaissance, des Barock und der Aufklärung. Es ist, als wandele man durch eine von Nervals psychedelischen Wald- oder Gartenbeschreibungen. Dabei lassen sich verschiedene Elemente isolieren, aus denen sich das Erlebnis zusammensetzt. Dieses gartenhistorische Palimpsest fasst die Entwicklung des französischen Gartens bis zur Romantik und darüber hinaus über zwei Weltkriege bis heute *in nuce* zusammen.

»Die Parterres von Cély, die Wälder von Fleury, die Wasser von Courances sind drei Wunder von Frankreich«, lautet ein in der Region überliefertes Sprichwort. Es bringt die drei wichtigsten Elemente und mit ihnen den Geist des Barockgartens mit Blick auf drei Schlösser in der Umgebung auf den Punkt: eine Reihe durchgestalteter Parterres, von Wasserspielen unterbrochen und von Kanälen durchzogen, umgeben von Wald. So muss man sich Courances im 17. und 18. Jahrhundert vorstellen.

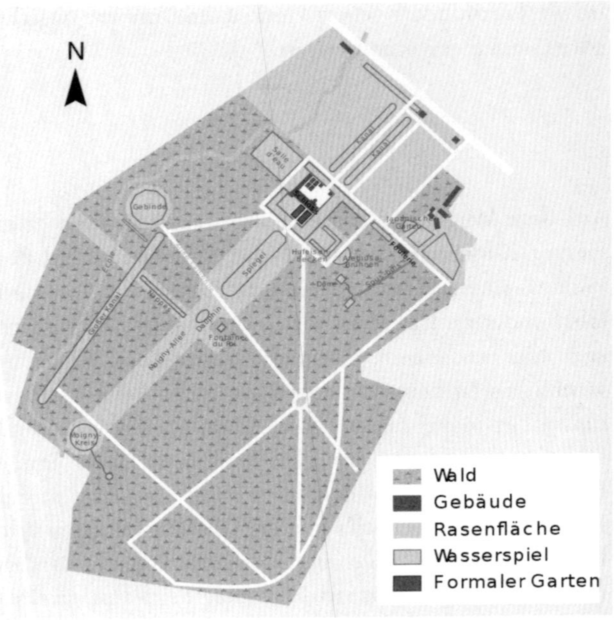

Schloss Courances, Lageplan

Côme Clausse de Marchaumont, Finanzstaatssekretär Heinrichs II., residierte im sieben Kilometer entfernten Fleury-en-Bière. 1552 kaufte er Courances für seinen zweiten Sohn und ließ es umbauen. Es entstand eines der für die Zeit typischen Wasserschlösser. Ein ummauerter mittelalterlicher Garten wurde durch eine Renaissanceanlage ersetzt. Dabei zog man italienische, aber auch niederländische Vorbilder heran. Letztere boten sich mit Blick auf das wasserreiche, flache Gelände eher an als die terrassierten, an Hügellagen orientierten italienischen Modelle. Als hervorstechendes Element bestimmte den neuen Garten der mehr als 500 Meter lange Grand Canal, der heute noch existiert. Es war überhaupt erst der zweite Kanal in einem französischen Garten. Den ersten hatte man in Fleury ausgehoben, er hatte 800 Meter gemessen. Die Länge von Kanälen spielte wie später im Barockgarten die Höhe von Fontänen eine große Rolle im Wettstreit und für das maskuline Selbstbewusstsein der Bauherren. 1604 übernahm Heinrich IV. die Idee für Fontainebleau. Dort brachte es der Kanal auf 1 000 Meter. Der Versailler Grand Canal wurde noch länger.

Nach einem Besitzerwechsel entstand ab 1624 ein Schloss im Stil Ludwigs XIII. Der Garten wurde im barocken Stil um- und ausgebaut. Zur neuen Gestaltung gehörte eine besondere Betonung der Mittelachse. Auf beiden Seiten der Achse kamen Wasserelemente hinzu. Lange hat man Le Nôtre für den Urheber dieser Veränderungen gehalten. Zwar war er im benachbarten Fontainebleau beschäftigt, in Courances scheint er allerdings nicht involviert gewesen zu sein. Die Geschichte der Umgestaltungen von Courances ist ein kleines Lehrstück über die wachsende Bedeutung der Zentralachse in der französischen Gartenkunst. In den Gärten des Mittelalters und der Renaissance war sie selbstverständlich als ordnendes Element. An ihr spiegelten sich die Quartiere und Parterres. Ihre besondere Betonung hätte jedoch das harmonische Gefüge gestört, das die Kompositionen ausmachte. Im absolutistischen Barock wird die Zentralperspektive nicht nur als Spiegelachse, sondern vor allem um ihrer selbst willen immer gewichtiger. Entsprechend wurde sie in Courances um 1720 noch einmal ausgebaut. 1750 wurde auf der Gartenseite zusätzlich ein 225 Meter langer, mittig platzierter Spiegelteich ausgehoben. Zur Straße hin ließ man die Mauern niederlegen, die den Ehrenhof des Corps de Logis von der Zufahrtsallee getrennt hatten. So entstand eine 1,5 Kilometer lange zentrale Achse durch das gesamte Gelände.

Durch Heirat gelangte Courances in den Besitz der Familie Nicolaÿ. Diese ließ in den Achtzigerjahren des 18. Jahrhunderts die Linden entlang der von Kanälen gesäumten Zufahrtsallee durch Platanen ersetzen. Die Nicolaÿs flohen vor der Revolution nach Italien. 1793 kehrten sie zurück. Vater und Sohn wurden verhaftet und 1794 geköpft. Courances wurde beschlagnahmt, der Familie aber 1798 zurückgegeben. Als 1830 wieder ein Regimewechsel anstand, verließ die Familie den Ort endgültig. Schloss und Garten fielen für ein halbes Jahrhundert in eine Art Dornröschenschlaf.

Es folgte die Epoche des Zweiten Kaiserreichs. Wie in Vaux-le-Vicomte und Chantilly, aber auch in Fontainebleau war sie prägend für das, was wir heute sehen. Es war, wie bereits erwähnt, eine Zeit, in der formale Gärten wieder hoch im Kurs standen, in Frankreich häufig nicht als Alternative zu Landschaftsgärten, sondern im Nebeneinander. Eine der originellsten Verbindungen dieser Art entstand in Courances.

1872 kaufte der Schweizer Baron Samuel Arthur von Haber das Anwesen. Er engagierte Hippolyte Destailleur für die Restaurierung des Schlosses, woraus – nicht ungewöhnlich in jenen historistischen Jahrzehnten – eher eine Neuschöpfung wurde. Destailleur war auch an der Restaurierung des Schlosses von Vaux-le-Vicomte beteiligt. Während man dort versuchte, so weit wie möglich den Zustand des 17. Jahrhunderts wiederherzustellen, ist Courances eine romantische Architektur- und Gartenphantasie. So entstand im ausgehenden 19. Jahrhundert ein typisches Schloss aus der Epoche Ludwigs XIII. mit sogenannter *brique-et-pierre*-Fassade, der für bestimmte Gegenden in Frankreich charakteristischen Kombination aus rotem Ziegel und beigem Kalkstein, sowie einer repräsentativen Freitreppe. Es ging nicht um kunsthistorische Rekonstruktion, sondern um romantische Vorstellungen, die man sich vom 17. Jahrhundert machte. Das setzte sich bei der Umgestaltung des Schlossinneren ebenso fort wie bei neu entstehenden Nebengebäuden. Die wuchtige, jede Proportion sprengende Freitreppe gibt sich als Kopie der berühmten Außentreppe von Fontainebleau, stammt allerdings von 1872. Es hat Überlegungen gegeben, sie abzureißen. Die Familie hat sich dagegen entschieden. Das ist konsequent. Denn das Courances von heute atmet bei allem historischen Erbe vor allem den Geist der Romantik.

Im Garten stellte von Haber die zentrale Sichtachse aus dem 18. Jahrhundert wieder her, und er verlängerte den langgezogenen Spiegelteich optisch um ein ovales Diana-Bassin. Ansonsten aber ließ er das Gelände nicht-formal, also im Geist des Landschaftsgartens gestalten, ohne sich an die gestalterischen Konventionen zu halten, die sich inzwischen etabliert hatten und die man etwa in Compiègne oder Fontainebleau vorfindet. Courances entfaltete aus sich heraus eine eigene Idee vom Garten als Landschaft zwischen Kunst und Natur.

Von Habers Enkelin Berthe heiratete 1887 den Marquis Jean de Ganay. Es folgte eine Zeit glamouröser Gesellschaften. Marcel Proust und Paul Valéry waren hier, Aristide Briand und der englische König Edward VII. Im Garten bemühen sich die Erben von Courances mit Hang zur Repräsentation, den Zustand des 18. Jahrhunderts wiederherzustellen oder doch zumindest nachzuempfinden. Die Planung übernahmen 1899 Vater und Sohn Henri und Achille Duchêne, die durch ihre Arbeit in Vaux-le-Vicomte bekannt geworden waren. Nach Henri Duchênes Tod 1902 führte der Sohn die Arbeiten bis 1914 allein fort. Er ließ alte Wasserbecken wiederherstellen und fügte neue hinzu. Vorbild für zwei 1908 entstandene Broderie-Parterres war ein Entwurf aus Dezallier d'Argenvilles *La théorie et la pratique du jardinage*. Die Pflanzung von Kastanienbäumen in Quincunx-Ordnung (also so, wie man die Fünf auf einem Würfel sieht) im weiteren Gartengelände stammt ebenfalls aus dieser Zeit. Schließlich entstand, separiert von den übrigen Gartenpartien und doch harmonisch angefügt, ein

Japanischer Garten. Im Ersten Weltkrieg war Courances Lazarett, im Zweiten deutscher Luftwaffenstützpunkt. Beim Abzug sprengten die deutschen Soldaten ein Munitionsdepot, wodurch weite Teile des Geländes verwüstet wurden. 1945/46 war Courances Straflager der Amerikaner. Danach quartierte sich bis 1955 Marschall Bernard Montgomery im Schloss ein. Er hinterließ einen mächtigen Billardtisch, wohl weniger aus Großzügigkeit als wegen des Gewichts, das eine Verschiffung schwierig machte. Schließlich konnte die Familie zurückkehren. Stück für Stück wurden Schäden aus zwei Kriegen beseitigt, Partien wiederhergestellt, andere neu definiert. Das Courances von heute entstand. Der Garten ist seitdem für Besucher geöffnet, seit 1982 kann man darüber hinaus einige Innenräume besichtigen.

Das Besondere an Courances ist aber der Zauber des Gartens. Heute umfasst er 75 Hektar. Der Name leitet sich wahrscheinlich von *eaux courantes* ab, fließende Wasser. 14 natürliche Quellen drängen über das Parkgelände verteilt an die durchfeuchtete Oberfläche. Wasser und Wald machen Courances in seiner heutigen Gestalt aus. Der dunkle dichte Wald öffnet sich zu hellen weiten Räumen, zu stimmungsvollen Lichtungen und beeindruckenden Sichtachsen. Wege gibt es keine. Man bewegt sich frei auf Rasenflächen, folgt der Intuition. Die Quellen speisen 17 Becken, Kanäle und Wasserfälle, die ohne Pumpen auskommen. Geschickt genutzt, sorgt natürliches Gefälle dafür, dass die dezenten Wasserspiele immer in sanfter Bewegung bleiben.

In der Mitte eines *dôme* genannten runden Beckens aus dem 16. Jahrhundert befindet sich eine kleine Insel. Sie war einmal überdacht, ein besonders idyllischer, behüteter Ort. Ein sehr schmaler Kanal trägt den Namen *sous-bois*, er führt zur Foulerie, einer ehemaligen Walkmühle. Früher wurde hier Hanf gewalkt. In den Zwanzigerjahren wurde ein Teesalon mit Blick auf den

Japanischen Garten eingerichtet, der nach den Kriegen ebenfalls wiederhergestellt wurde. Heute wird hier ein Café betrieben. Auf den Grand Canal laufen drei *nappes* zu, Wassertreppen aus der Zeit der Renaissance. Ebenfalls aus dem 17. Jahrhundert stammt ein zehneckiges Becken am Ende einer Allee. Der Name *gerbe* (Gebinde) geht darauf zurück, dass das Becken früher von einer siebenstrahligen Fontäne überwölbt war. Immer wieder erinnern die Namen der Wasserinstallationen an die einstige Prachtentfaltung zu Zeiten der Renaissance und des Barock. Ein langgezogenes rechteckiges Becken trägt den Namen *salle d'eau*. Hier haben 14 Wasserspeier in Form von Delphinköpfen das Wasser in das Becken gespritzt. Sie sind ähnlichen Skulpturen im Parco dei Mostri bei Bomarzo nachempfunden und finden sich heute verteilt über das Gelände. Das Bassin war im 19. Jahrhundert zugeschüttet, wurde von Achille Duchêne Anfang des 20. Jahrhunderts nach den ursprünglichen Plänen aber wiederhergestellt. So hat jede Generation, jede Epoche ihr Courances mit Elementen aus der gartenhistorischen Tradition unter den pragmatischen Bedingungen der jeweiligen Gegenwart geschaffen.

Der Garten ist von Wald umschlossen, den Schneisen durchziehen. An den Waldkanten sind Statuen auf gemauerten Sockeln postiert. Die Naturnähe und die beruhigende Selbstverständlichkeit des kunstvollen Arrangements erzeugen eine besondere Atmosphäre. Vier Jahrhunderte, zahlreiche Besitzerwechsel, Revolutionen und Kriege sind über das Gelände hinweggezogen und haben ihre Spuren hiterlassen. Heute ist Courances ein zeitgenössischer Garten, der die ästhetischen Stadien seiner Entstehung und die historischen Umstände seiner Genese in sich trägt und in großer Harmonie zum Vorschein bringt.

Von Courances sind es nur wenige Kilometer nach Fontainebleau, dem Palast der Paläste der an pompösen Inszenierungen nicht armen französischen Geschichte. Hier haben alle gekrönten Häupter vom Mittelalter bis zum Ende des Zweiten Kaiserreichs residiert, gejagt, repräsentiert, Geschichte geschrieben und sie verkündet. Nicht zufällig tragen zahlreiche wichtige Verträge Fontainebleau im Namen: Im Edikt von Fontainebleau widerrief Ludwig XIV. 1685 das Edikt von Nantes, das den Hugenotten Religionsfreiheit gewährt hatte. 1813 nötigte Napoleon I. Papst Pius VII. zur Unterschrift unter das Konkordat von Fontainebleau, die der Papst allerdings wenige Monate später widerrief. Er hatte, von Napoleon gezwungen, fast zwei Jahre in Fontainebleau verbracht. Mit der Unterschrift unter den Vertrag von Fontainebleau dankte Napoleon I. am 12. April 1814 im Schloss ab.

Fontainebleau ist ein Denkmal der französischen Staatsgeschichte vom Mittelalter bis 1871. Dass es die Zentrale der Macht war, sollte die prächtige italienische Renaissancegalerie, die unter Franz I. entstand, ebenso zum Ausdruck bringen wie die Flucht napoleonischer Prunkräume. Napoleon veranlasste den Papst, für die Kaiserkrönung nach Paris zu kommen. Für ihn wurde Fontainebleau herausgeputzt. Sich selbst richtete Napoleon eine fast schon intime Wohnung ein, in die er sich über eine versteckte Treppe zurückzog, nachdem er in Anlehnung an ein entsprechendes Ritual Ludwigs XIV. vor Höflingen sein *coucher* absolviert hatte, das offizielle Zubettgehen. Heute beherbergt das Schloss von Fontainebleau unter anderem ein Napoleon-Museum. Seiner staatstragenden Bedeutung entsprechend wurde die Burg, später das Schloss, schließlich der Palast, stets nach der neuesten Mode um- und ausgebaut.

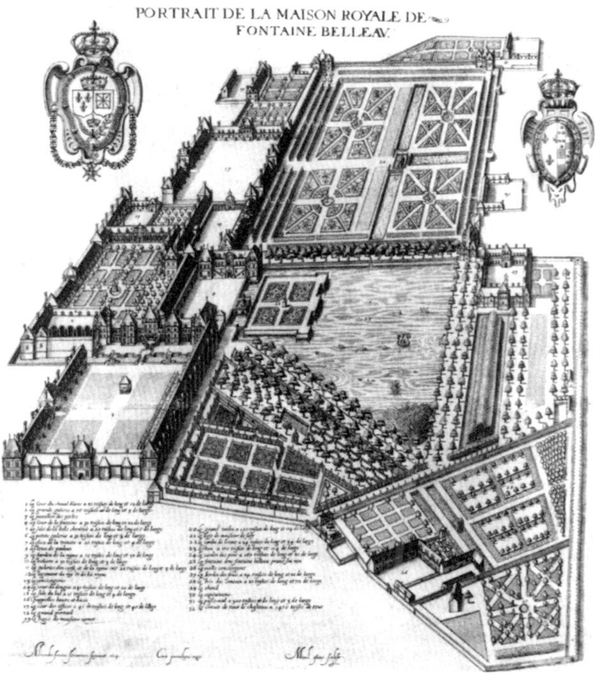

Michel Lasne nach Alessandro Francini,
Schloss Fontaine Belleau, 1614

Es verstand sich von selbst, dass die Außenanlagen dem jeweils aktuellen Stand angepasst wurden.

Baubeginn für die heutige Anlage war 1528. Damit gilt Fontainebleau als erster Renaissancebau Frankreichs. Italienische Baumeister und Künstler wurden beschäftigt. Später kam Ludwig XIV. zum Jagen und passte Bau und Gärten den Standards des Barock an. Dann haben vor allem die beiden Kaiser weitergebaut und aufwendig umdekoriert.

Unter König Franz I. entstanden erste Renaissancegärten, von denen der zentrale seinen Namen trug wie einen Titel: Jardin du Roi. In einem der Gärten ließ

Heinrich II. eine Marmorstatue der Diana aufstellen, die Papst Pius IV. ihm 1556 geschenkt hatte. Die Partie hieß fortan Diana-Garten. Ein Stich aus dem Jahr 1614 zeigt ausgedehnte Anlagen im Stil der Renaissance, darunter ein quadratisches, von einem Wegekreuz durchzogenes Parterre auf einer Insel im Teich, die über eine kleine Holzbrücke zu erreichen war. Dieses Parterre (1594/95 angelegt) war eine der ersten Ergänzungen unter Heinrich IV., 1606 bis 1609 folgte der Große Kanal. Schon lange vor Ludwig XIV. spielten die Gärten als integraler Bestandteil einer königlichen Residenz eine zentrale Rolle im französischen Staatszeremoniell. Unter Ludwig XIV. übersiedelte der Hof zur Jagdsaison im Herbst von Versailles nach Fontainebleau. Der König schickte André Le Nôtre, und der veränderte die Gärten von Fontainebleau zwischen 1660 und 1664 radikal. Zusammen mit Louis Le Vau schuf er das Große Parterre, das heute noch die Gartenseite des Palasts und den Blick aus den Staatssälen dominiert. Es blieb bestehen, als im Ersten Kaiserreich anstelle des Diana-Gartens und eines Piniengartens aus der Renaissancezeit die Englischen Anlagen entstanden, bereits mit den gestreckten Kurven à la Gabriel Thouin. Wieder gingen Englischer und Französischer Garten eine *cohabitation* ein. Geschickt sind die Berührungslinien zwischen den Epochen mal verschleiert, mal inszeniert. Man bewegt sich immer ganz im formalen Entwurf des Barock oder im pseudonatürlichen Spaziermodus des Empire. Das große Bassin hat dementsprechend neben barock begradigten auch ein empfindsam-aufgeklärtes unregelmäßiges Ufer. Selbst die Blicke aus den Innenräumen sind stilgerecht justiert. Aus dem großen Ballsaal etwa blickt man auf Le Nôtres Großes Parterre und den Kanal, während sich vor den Fenstern der Empiregemächer aus dem 19. Jahrhundert Szenen aus dem Englischen Garten auftun. So durchwandert man im Innern des

Palasts eine Architektur- und Ausstattungsgeschichte, mit der unterhalb der Fenster die passende Gartengestaltung korrespondiert. Von den Renaissancegärten ist allerdings nur eine Grotte erhalten.

Die Anlagen aus dem 19. Jahrhundert entsprechen dem Geist der Zeit und bringen Fontainebleau auf den Stand *à la mode,* sie sind aber weder originell noch raffiniert. Im Gegensatz zu den Baumaßnahmen am Palast und der Innenausstattung schenkte Napoleon der Umgestaltung des Gartens keine besonders große Aufmerksamkeit. Er überließ es ganz seinem Architekten Maximilien-Joseph Hurtault. Am Vorgang des Gärtnerns dagegen war Napoleon durchaus interessiert. Er ermutigte seine Soldaten ausdrücklich, selbst zu gärtnern, wenn sie Wartezeit zu überbrücken hatten. Im Jahr XII (1804) erschien im *Journal de Paris* ein ausführlicher Artikel über die Bedeutung des Gärtnerns für französische Militärlager. Das betraf die konkrete Arbeit mit Erde und Pflanzen, nicht Fragen des Designs. Die Gartengestaltung, schon gar *à l'anglaise* oder *anglo-chinois,* war nicht Napoleons Feld. Er gab zu Protokoll: »Mein Englischer Garten ist der Wald von Fontainebleau, einen anderen möchte ich nicht.« Der Wald hatte es ihm angetan. »Das ist Tassos Zauberwald«, entfuhr es ihm einmal vergleichsweise poetisch in Anspielung auf Torquato Tassos Epos *La Gerusalemme liberata* (1575). Die Assoziation ist aufschlussreich, wenn man bedenkt, dass sich Tassos mittelalterlicher Held Rinaldo erfolgreich gegen den Zauber des Waldes wehrt, der ihn liebeskrank machen soll. Er löst den Zauberbann und verschafft so dem Kreuzfahrerheer das Holz, das es für den Bau von Schiffen für die Eroberung von Jerusalem benötigt.

Selbst der Soldat Napoleon erlag offenbar in manchen Momenten dem romantischen Zauber, den das beginnende 19. Jahrhundert im Wald fand und auf ihn projizierte. Diese Neuorientierung des Menschen im Wald stand stellvertretend für eine neue Positionierung in der als unendlich erfahrenen Welt. Sie war von tiefgreifenden gesellschaftlichen Umbrüchen begleitet. Nerval beschreibt es in seiner Erzählung *Sylvie* so:

> »Wir lebten damals in einer sonderbaren Epoche, wie sie gewöhnlich auf Revolutionen oder Zusammenbrüche großer Reiche folgen. Es war nicht mehr die heroische Galanterie wie unter der Fronde, das elegante und aufgeputzte Laster wie unter der Régence, der Skeptizismus und die wilden Orgien des Directoire; es war eine Mischung aus Tatendrang, Zögern und Trägheit, aus brillanten Utopien, philosophischen oder religiösen Bestrebungen, vagen Begeisterungen, vermengt mit Vorahnungen einer Wiedergeburt, mit Überdruss an vergangenen Zwistigkeiten und mit ungewissen Hoffnungen«.

Nicht nur romantische Dichter wie Nerval ließen Natur und Garten in ihren Werken fließend ineinander übergehen. Eine vergleichbare Bewegung vollzog sich in der Malerei, und zwar im Wald von Fontainebleau. Etwa zehn Kilometer vom Schloss und seinen Gärten entfernt liegt ein malerisches Dorf, dessen Name zur Chiffre für eine Revolution in der Landschaftsmalerei wurde: Barbizon. Drei kleine Museen erinnern an diesen Aufbruch in der Geschichte der Landschaft, der die Rolle des Gartens im Gefüge der Künste verändert hat.

Im Jahr 1860 hält der romantische Dichter und Politiker Alphonse de Lamartine, eine halbe Generation älter als Nerval, eine Rede vor einem Kongress französischer Gärtner – es ist tatsächlich davon auszugehen, dass es sich bei diesem Auditorium um ein rein männliches gehandelt hat. Blumig schlägt Lamartine einen großen Bogen, »bis schließlich die Gartenbaukunst – zunächst von den Römern erdacht, in China allgemein verbreitet und zum Wunder vervollkommnet, in England zum aristokratischen Luxus ausgebaut, in Holland geknechtet und auf die Anbetung der Tulpe reduziert, in Italien zur Größe einer herrlichen Kunst erhoben, der Bildhauerei, der Skulptur und der Architektur gleichgestellt, in Frankreich benützt aufgrund ihrer Verwandtschaft mit dem hochentwickelten Ackerbau, dessen Vorhut sie ist –, bis diese Kunst jetzt dank Ihren Bemühungen von vielen Regionen Europas den Status einer Industrie erlangt hat, welche Millionen von Arbeitskräften beschäftigt und für Millionen Früchte und Blumen ein- und ausführt!«

Um die Mitte des 19. Jahrhunderts findet sich die jahrhundertealte, über lange Zeit ausgesprochen stolze und selbstbewusste Gartenkunst zwischen allen Stühlen wieder: auf der einen Seite als Projektion in literarischen Texten wie bei Nerval, auf der anderen als Industrie wie in Lamartines Appell an die französischen Gärtner. Lamartine schlägt die Volte gleich wieder zurück zur Kunst. Es ist nicht die Literatur, es ist aber auch nicht die Gartenkunst, auf die er zu sprechen kommt. Letztere hatte über die Jahrhunderte das jeweils aktuelle Bild vom Menschen in der Natur ergründet, inszeniert und kommuniziert. Lamartine erwartet dies nun offenbar ebenso wenig vom Garten wie von seinen schreibenden Kolleginnen und Kollegen, dafür aber von der Malerei: »Wenn Sie diese Industrie noch vervollkommnen, wird daraus eine neue Kunstrichtung entstehen, eine Malkunst, die den Garten als Palette benutzt.«

Der Garten als Palette – die Metapher hat kunsthistorisch mehr Sprengkraft, als Lamartine bewusst gewesen sein dürfte. Als er seine Rede hielt, hatte sich in Barbizon bereits ein loser Zusammenschluss von Malern etabliert, die den neuesten technischen Fortschritt und die romantische Lust auf ein Eintauchen in die Natur kurzschlossen. Der wachsende Markt für Malutensilien hatte Tubenfarben hervorgebracht, die man zusammen mit einer Reisestaffelei leicht transportieren konnte. Und die Eisenbahn erschloss neuerdings nicht nur ferne Ziele in ganz Europa, sondern auch die Umgebung der Städte. Die Zugstrecke Richtung Fontainebleau verlief entlang der Hauptstraße des Dorfs Barbizon. Hierher konnte man von Paris aus mit dem Zug kommen, um Landschaften nicht mehr im Atelier akademisch zu komponieren, sondern in und nach der freien Natur zu malen.

Wer aus Paris anreiste, kam in der an der Hauptstraße gelegenen Auberge Ganne unter. Sie ist weitgehend im originalen Zustand erhalten und beherbergt heute das Musée Départemental des peintres de Barbizon. Daneben wurden in den ehemaligen Ateliers der Maler Jean-François Millet (er ist in Barbizon begraben) und Théodore Rousseau Museen eingerichtet. Letzterer hat die Schule 1830 ins Leben gerufen, die ihrem Charakter nach eigentlich eher eine Malerkolonie war. Ihr gehörten neben Millet und Rousseau unter anderem Jean-Baptiste Camille Corot, Paul Huet, Constant Troyon, Charles-François Daubigny, Jean-Ferdinand Chaigneau und der Deutsche Albert Brendel an. Die bald so genannte Schule von Barbizon bestand bis etwa 1870. Die neuen Tubenfarben wurden auf Reisepaletten gemischt. Auf den tragbaren Staffeleien entstanden kleine Formate, realistische Naturszenen statt der großen, akademisch komponierten Landschaften, die man aus den Pariser Ateliers kannte. Der Einfluss von Barbizon auf die Entwicklung der Landschaftsmalerei des 19. Jahrhunderts war groß. Wer Landschaft malen wollte, musste in Barbizon gewesen sein.

Pierre-Auguste Renoir, Alfred Sisley und Claude Monet gehörten zu denen, die es ausprobierten. Sie wurden in den Jahren, in denen sich die Schule von Barbizon allmählich wieder auflöste, als Vertreter einer neuen Schule bekannt: des Impressionismus.

Monet war 1865 mit Sisley und Frédéric Bazille in Barbizon. Da war der Ort schon berühmt und entsprechend überfüllt. Von beschaulicher Ruhe im Angesicht der Natur konnte in diesen Jahren in Barbizon wohl kaum die Rede sein. Wenn es stimmt, dass Monet nicht zuletzt von dem Trubel in dem kleinen Ort abgestoßen war, der zum Mekka einer neuen Landschaftsmalerei geworden war, dann entbehrt es nicht einer gewissen Ironie, dass er den nächsten Ort schuf, für den bald dasselbe gelten sollte: Giverny.

Giverny

Lange galten Gärten nicht als ernst zu nehmendes Motiv für die Landschaftsmalerei. Das überrascht nur auf den ersten Blick. Vielmehr ist das, was Gartenkunst mit der Landschaft macht, dasselbe wie das, was Malerei mit der Landschaft macht: Sie fügen ihr etwas hinzu, ein Surplus, das sie vom bloß natürlichen Zustand unterscheidet. Der Garten hat dieses Surplus bereits. Noch einmal abgebildet, erscheint das spannungsarm und langweilig, es sei denn, im Gemälde würde eine besonders exzentrische Perspektive eingenommen. Dasselbe gilt übrigens für die Fotografie, ungeachtet der Tatsache, dass Gärten zu den meistfotografierten Motiven überhaupt gehören dürften.

Es bedurfte einer Annäherung von freier Natur und gestaltetem Garten, wie sie zunächst vor allem in der Literatur zu beobachten war, damit der Garten zum bedeutenden Motiv für die Landschaftsmalerei werden konnte. Dies geschah im Rahmen einer Moderne, in der sich allgemein anerkannte und befolgte Regeln in der Landschaftsmalerei ebenso auflösten wie in der Gartengestaltung. In diesem Moment entdeckte die Landschaftsmalerei den Garten als Gegenstand. William Turner hatte ein eigenes Atelier in Petworth, einem der Meisterwerke des berühmten englischen Gartengestalters Lancelot Brown. Der führte den Garten in einigen seiner Schöpfungen extrem nah an die Natur selbst heran. Den letzten Schritt tat der Maler Turner in Bildern, die vor Ort entstanden. In ihnen sind romantische Landschaft und romantischer Garten eins. In Frankreich baute Hubert Robert naturnahe Gärten und malte dann die von ihm selbst geschaffenen Landschaften. In dieser Tradition eines für die Malerei gebauten Motivs steht Frankreichs berühmtester Künstlergarten: Claude Monets Giverny.

600 000 Besucherinnen und Besucher im Jahr verstellen den Blick auf die verwunschene Zwiesprache mit der Natur, die der Maler dort gesucht hat. Aber es ist nie die Natur gewesen, immer ein Garten. Das Motiv der hier entstandenen Naturbilder war bereits Kunst, bevor sie gemalt wurden. Schon die Realität war nicht Landschaft, sondern malerische Komposition. 1876 hatte Monet eine Serie von fünf Bildern im Park Monceau gemalt. Es könnten auch Bilder einer freien Landschaft sein. In dem Moment aber, in dem der Garten als Motiv mit der Landschaft verwechselt werden kann, verliert er seine Funktion als Medium. In Barbizon wurde das vorbereitet, in Giverny, wenn man so will, vollendet. Um 1890 erwarb Monet hier drei Parzellen Land. 1893 kaufte er das Nachbargrundstück jenseits der Landstraße dazu. Im Lauf der Jahre entstanden das Haus (1911–1918) und der zweigeteilte Garten: diesseits der Straße der Clos Normand, ein Blumengarten, der ein wenig an Lamartines Bild vom Garten als Palette erinnert. Hier

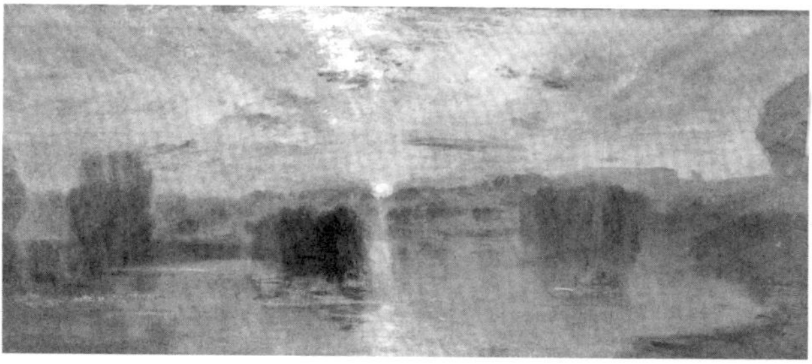

William Turner, Petworth, See bei Sonnenuntergang, 1827/28

finden sich unter anderem Rosen, Pfingstrosen, Goldlack, Kapuzinerkresse, Waldreben, Klatschmohn, Tulpen, Schwertlilien. Monet wollte zwar einerseits den Blumen ihre natürliche Entfaltung ermöglichen, andererseits griff er als Maler drastisch ein, indem er sie nach Farben sortierte, den Garten also ganz wörtlich als Palette anlegte. Der Clos Normand hat die Grundform eines einfachen formalen Gartens, wobei er innerhalb der rechteckigen Kompartimente mit alten Bäumen rudimentär mit Elementen eines Englischen Gartens spielt. Eine Mittelachse wird an Metallbögen von Rosen überrankt. Jenseits der Straße, durch einen Tunnel erreichbar, liegt der Teich mit der von Glyzinien bewachsenen Brücke, den Trauerweiden und den Seerosen.

Betrachtet man die Pläne der beiden Gartenteile, so reproduzieren sie noch einmal die französische *cohabitation* der Gartenschulen: Der *clos* orientiert sich klar am formalen Garten als Bauerngarten, der Wassergarten hat dagegen mit seinen fließenden Formen, seinen sich schlängelnden Wegen und seinem künstlichen See die Physiognomie eines Englischen Gartens, so sehr er japanisch inspiriert sein mag. Hier scheint sich der Versuch zu wiederholen, die englische Urheberschaft dieses Gartenmodells hinter einer asiatischen Tradition verschwinden zu lassen. Monets Begeisterung für

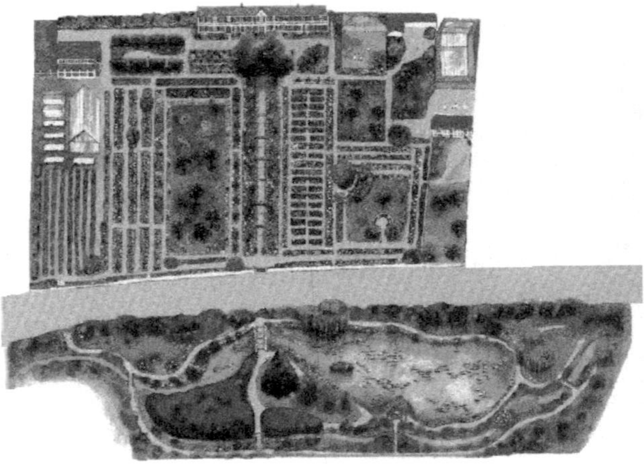

Plan der Gärten von Claude Monet, Giverny

japanische Holzschnitte wird oft erwähnt, die offensichtliche Verwurzelung der Anlage in der Tradition des Englischen Gartens dagegen selten.

Wie viele berühmte Gärten ist Giverny eine Nachschöpfung. 1966 vermachte Claude Monets Sohn Michel das Anwesen der Académie des Beaux-Arts. Bis 1977 dauerte die Rekonstruktion. Die Brücke musste nachgebaut, der Teich neu ausgehoben werden. 1980 wurde das wiederhergestellte Giverny für das Publikum geöffnet. Was Monet gebaut hatte, war nicht Nachahmung von Natur, keine Landschaft. Es war die kalkulierte Reduktion von Natur auf einen Ausschnitt, der ihn als Maler interessierte. Es wurde sein wichtigstes Motiv. Fast dreißig Jahre lang malte er seinen Garten, zuerst die Brücke, dann die Nympheas im Teich. Die Grenzenlosigkeit entsteht auf diesen Bildern durch das Fehlen eines Horizonts, überhaupt jeder räumlichen Tiefe. Nebeleffekte, das Spiel mit Transparenz und Spiegelungen bestimmen den Charakter dieser Bilder. Sie beschwören ein Naturerlebnis, das die Massen an

Besucherinnen und Besuchern aus aller Welt vor Ort nacherleben wollen, in der Regel wahrscheinlich vergebens. Selbst wenn der Ort nicht so überlaufen wäre, würden sie es kaum finden. Es ist eine Fiktion.

Entstanden ist die Landschaftsfiktion von Giverny in einer Zeit, in der sich große Gesellschaftswürfe und große philosophische Entwürfe, sofern es sie überhaupt noch gab, nicht mehr mit großen Gartenentwürfen in Deckung bringen ließen. 1881, ein Jahr nach dem Tod des Autors, erschien Gustave Flauberts letzter, unvollendet gebliebener Roman *Bouvard und Pécuchet*. Flaubert schickt darin die seelenverwandten Altersfreunde Bouvard und Pécuchet sowohl intellektuell als auch praktizierend oder doch zumindest dilettierend auf eine Reise durch alle nur denkbaren Disziplinen. Gleich als Erstes lässt Flaubert die beiden ihr Heil in der Gartenkunst suchen. Es wird eine grelle Satire auf den Landschaftsgarten:

> »Da gab es zunächst einmal das melancholische und romantische Genre, das gekennzeichnet wird durch Immortellen, Ruinen, Grabmäler … Das schreckliche Genre wird mit Hilfe überhängender Felsen, zerschmetterter Bäume, ausgebrannter Hütten dargestellt; die exotische Gattung, indem man peruanische Fackeldisteln pflanzt … . Das ernste Genre muss, wie Ermenonville, einen Tempel der Philosophie aufweisen. Obelisken und Triumphbögen charakterisierten das majestätische Genre. … Vor diesem Horizont von Wundern standen Bouvard und Pécuchet wie geblendet. … Der Tempel der Philosophie würde zu viel Raum einnehmen … Aber die Felsen lagen im Bereich des Möglichen, ebenso die zerschmetterten Bäume, die Immortellen und das Moos – und in steigender Begeisterung, nach vielem Herumtasten, bastelten sie sich mit Hilfe eines einzigen Knechts

> und für eine winzige Summe eine Residenz zusammen, die im ganzen Departement nicht ihresgleichen hatte.«

»Du sublime au ridicule, il ny'a qu'un pas«, hatte Napoleon I. im Dezember 1812 nach dem gescheiterten Russland-Feldzug in Warschau zu seinem dortigen Botschafter gesagt: »Vom Erhabenen zum Lächerlichen ist es nur ein Schritt.« Diesen Schritt hatte Flaubert mit Blick auf die Gartenkunst seines Jahrhunderts hinter sich, als er die früher im Garten wie in der Landschaft als erhaben bewunderten Felsen mit den Worten beschrieb:

> »Sie waren an den Ufern der Orne gewesen und hatten Granitblöcke ausgesucht, hatten sie zerschlagen, numeriert und selber auf einer Schubkarre nach Hause geschafft; die einzelnen Stücke hatten sie dann übereinandergetürmt und mit Zement verbunden; und nun erhob sich mitten auf dem Rasen ein Felsklumpen wie eine riesige Kartoffel.«

›Andere Räume‹ und ›Planetarisches Gärtnern‹ im 21. Jahrhundert

Andere Räume überschrieb Michel Foucault einen Text, in dem er eine »Geschichte des Raumes« skizziert. Er etabliert darin den Begriff der Heterotopie als Gegensatz zur Utopie. Während letztere »Plazierungen ohne wirklichen Ort« sind, also »wesentlich unwirkliche Räume«, erkennt Foucault in den Heterotopien »wirkliche Orte, wirksame Orte, die in die Einrichtung der Gesellschaft hineingezeichnet sind, sozusagen Gegenplazierungen oder Widerlager, tatsächlich realisierte Utopien«. Neben dem Erholungsheim, der psychiatrischen Klinik, dem Gefängnis, dem Altenheim und dem Friedhof nennt Foucault als Beispiele das Theater und das Kino und schreibt dann: »Aber vielleicht ist die älteste dieser Heterotopien mit widersprüchlichen Plazierungen der Garten.« Damit hat der französische Philosoph zwar an abgelegener Stelle, aber als einer der Ersten dem Garten wieder einen Ort in der Reflexion der Gesellschaft gegeben, den er lange nicht gehabt hatte. Foucault erinnert an das enorme Potential: »Der Garten ist die kleinste Parzelle der Welt und darauf ist er die Totalität der Welt.«

Kommt man nach dem Ausflug in die historischen Gärten rund um Paris zurück in die Stadt, sieht man sie mit anderen Augen. Nach dem Blick in unterschiedliche Gärten aus unterschiedlichen Epochen fällt auf, wie viel die Struktur von Paris mit der Gartenkultur des Landes zu tun hat und wie viele neue Gärten in den letzten

Jahrzehnten entstanden sind. Selbst das Vorbild für die international als Paradebeispiel zeitgenössischer Gartenkultur gepriesene *High Line* in New York befindet sich in Paris, die *promenade plantée* im 12. Bezirk. Nach der Rundreise in die Gartengeschichte erschließt sich zudem, wie viele Anlagen in ihrer Formensprache Bezug auf den französischen Übergärtner André Le Nôtre, seine Gesetze der Geometrie und seine Techniken der Sinnestäuschung nehmen, während andere auf die Antithese verweisen, die Tradition des Landschaftsgartens. Seit der Wende zum 21. Jahrhundert kommen jenseits aller ästhetischen Erwägungen bei der Gestaltung von Freiflächen die Forderung nach Biodiversität, der ökologische Stadtumbau und Rücksicht auf die Folgen des Klimawandels hinzu.

Seit dem Ende des Ersten Weltkriegs behaupten sich einer der ältesten der hier gestreiften Gärten, der Jardin des Tuileries, und der jüngste, Claude Monets Giverny, in einer Art *cohabitation* gegeneinander. Am 11. November 1918, dem Tag der Unterzeichnung des Waffenstillstands im Wald von Compiègne, bekam der französische Premierminister Georges Clemenceau Post aus Giverny. Claude Monet erklärte dem Premierminister, mit dem er befreundet war, er wolle dem französischen Staat zwei seiner Seerosen-Leinwände schenken. Der 78-jährige Maler schrieb, das sei wenig, aber immerhin eine Möglichkeit am Sieg teilzuhaben und seine Dankbarkeit zum Ausdruck zu bringen. Als Clemenceau nach Giverny kam, zögerte Monet schon wieder. Da bot Clemenceau an, die Bilder in der 1852, als Projekt des Zweiten Kaiserreichs, errichteten Orangerie des Jardin des Tuileries auszustellen. Zwar kam es erst nach Monets Tod 1926 dazu, aber seit Mai 1927 sind die Bilder dort zu sehen.

Nach dem Ersten Weltkrieg, schon gar nach dem Zweiten hatten Gärten keine Priorität, weder die alten noch mögliche neue. Nimmt man die eingangs formulierte These ernst, dass der Garten als Medium das Verhältnis einer Epoche zur Natur zum Ausdruck bringt, ist das nicht überraschend. Das 20. Jahrhundert hat in Europa nach zwei verheerenden Kriegen Gesellschaften hervorgebracht, die auf Technik und Industrialisierung setzten, ohne jede Rücksicht auf die Natur. Auch im 20. Jahrhundert sind interessante und wichtige Gartenanlagen entstanden, sie haben sich aber nicht zu einer übergreifenden, gesellschaftlich relevanten, allgemein debattierten Gartenkultur gefügt, wie die vorangegangenen Jahrhunderte sie gekannt hatten. Gegen Ende des 20. Jahrhunderts, vollends mit Beginn des neuen Jahrtausends ist ein tiefergehendes gesellschaftliches Interesse am Garten zurückgekehrt. Zu den Zeichen dieser Rückbesinnung gehören die seit den 1980er Jahren signifikant gestiegene Zahl von Restaurierungen historischer Anlagen und das globale Phänomen eines *urban gardening*, einer Bewegung, in deren Rahmen sich meist junge Menschen des öffentlichen Raums in den Städten mit gärtnerischen Interventionen bemächtigen.

Eine der ersten ausgedehnten, von einer Hand gärtnerisch gestalteten Flächen innerhalb einer Stadt seit den großen Parkschöpfungen des 19. Jahrhunderts war der 14 Hektar große Parc André Citroën, der im 18. Pariser Bezirk an der Seine auf dem ehemaligen Citroën-Werksgelände liegt. Er wurde 1992 eröffnet. Das passt in die skizzierte Chronologie. Man kann den Park als Ausdruck eines Paradigmenwechsels interpretieren. Architektur und Landschaftsplanung haben im Fall des Parc André Citroën nach dem Masterplan eines Gartengestalters Hand in Hand gearbeitet, um einen innerstädtischen Erlebnisraum zu schaffen, der sich auf die Gartengeschichte bezieht. Federführend verantwortlich zeichnete der Gartengestalter, Gartenlehrer und Gartenphilosoph Gilles Clément. Es scheint,

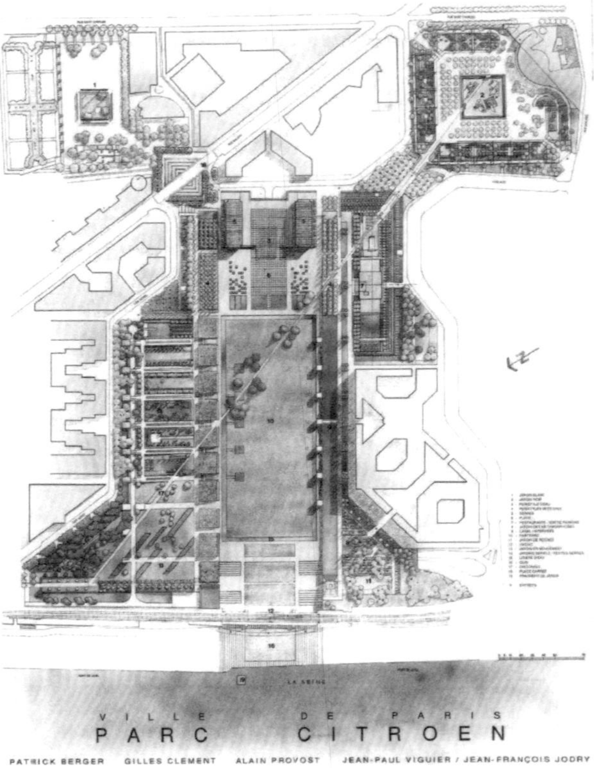

Plan Parc André Citroën, Paris

als hätten für das Projekt schier unbegrenzt Mittel zur Verfügung gestanden, auch für den Unterhalt einer solchen Anlage. Heute liegen aufgrund technischer Mängel und hoher Unterhaltskosten Kanäle und Wassertreppen brach. Trotzdem hat der Park viel zu bieten.

Er ist das Paradebeispiel eines postmodernen Gartens. Abgesehen von einer Reihe kleinerer Nebenschauplätze gibt sich das zentrale Areal als ironischer Reflex auf das übermächtige Versailles. Zwei gläserne Orangerien schließen das Gelände auf der der Seine abgewandten

Seite ab. Den Platz davor beleben geometrisch angeordnete Fontänen. Ein gerader Weg durchschneidet diagonal eine große rechteckige Rasenfläche. Er führt unter zwei winzigen Wäldchen hindurch, jeweils wenige Bäume in unregelmäßiger Pflanzung als Anspielung auf einen Englischen Garten. Dessen Prinzip der Serie unterschiedlich gestalteter, emotional aufgeladener Erlebnisräume und dabei zugleich das Modell der aufwendig inszenierten Boskette von Versailles wird am östlichen Rand des Areals zitiert. Hier entstand eine Reihe von Themengärten, die jeweils einer Farbe, einem Monat und einem Element gewidmet sind. Sie können betreten, von unten oder aber nach dem Modell barocker Parterres von einer erhöhten Promenade aus betrachtet werden. Die Serie klingt in einem Jardin en mouvement (Garten in Bewegung) aus. Man könnte ihn auf den ersten Blick für eine naturbelassene Fläche halten, wüsste man nicht, dass es naturbelassene Flächen nicht mehr gibt, schon gar nicht in der Stadt und zuallerletzt auf dem stillgelegten Gelände einer Waffenfabrik, in der in Friedenszeiten Autos hergestellt wurden.

Der Garten der Bewegung geht nicht von der Gestaltung aus, sondern von einer Betrachtung der Natur, vom Schauen: »Um den Garten der Bewegung zu entwickeln«, schreibt Gilles Clément, »habe ich zunächst diese Haltung eingenommen. In der Folge habe ich gemerkt, dass es möglich war, die formale Ästhetik, die wir in Gärten und Landschaften gewohnt sind, mit dem Gleichgewicht eines Ökosystems zu verbinden.« Der Gärtner »nimmt eine neue Haltung ein: er schaut, staunt, versteht und befreundet sich mit der Natur. Er greift nur vorsichtig in das sich entwickelnde Leben ein, anstatt es zu beherrschen. Auf diese Weise vermehrt er die Biodiversität. Ein solcher Garten ist nicht zukunftsweisend, weil er schön ist, sondern weil er verstanden ist.« Clément geht noch weiter: »Anschauen könnte durchaus die richtigste Art sein, künftig zu gärtnern«. Dahinter steht eine Weitung des Gartenbegriffs, an deren Ende die Welt selbst zum Garten erklärt wird. Das sei letztlich eine »schreckliche Entdeckung: Die als ein dem Leben vorbehaltenes Territorium verstandene Erde ist ein umschlossener Raum, der durch die Grenzen der lebendigen Systeme (der Biosphäre) begrenzt ist. Sie ist ein Garten.«

Der Garten ist zur Arche geworden, zum geschützten Raum, in dem Arten überleben, die in der freien Wildbahn bedroht oder ausgerottet sind. Da haben Gärtnerin und Gärtner gar nicht mehr das Recht, am Zaun Halt zu machen. Sie sind mit dem, was sie tun, verantwortlich für die ganze Erde. Der Garten ist nicht mehr ästhetischer Spiegel der Landschaft, sondern Bestandteil einer Überlebensstrategie angesichts einer akut bedrohten Natur. Gilles Clément nennt das »Planetarisches Gärtnern«: »Die wichtige Frage, die durch den Planetarischen Garten gestellt wird, ist diese: Kann man die Diversität nutzen – nachdem man sie gründlich aufgenommen und verstanden hat –, ohne sie zu zerstören?« Clément setzt den Begriff *Garten* an die Stelle des Begriffs *Ökologie*: »Das Wort ›Garten‹, das geeignet ist, die Öffentlichkeit auf einem Boden des Einverständnisses zu versammeln, gefällt mir besser«, schreibt er. »Dieser dem Planeten zugesellte Begriff erweitert die Horizonte des normalen Gartens und passt wie jeder Prozess der Globalisierung zu einer egalitären Staatsbürgerschaft.«

Geistig in der Achtundsechziger Revolte sozialisiert und durchdrungen von der Ökologie-Bewegung, erkennt Gilles Clément im komplexen Zusammenspiel der Gewerke, die einen Garten ausmachen, eine Antwort auf die drängendste Herausforderung unserer Zeit. Im Zeitalter von bedrohter Biodiversität und Klimawandel hat sich der Begriff vom Garten so grundlegend verändert wie die Gestalt der Gärten. Eine Reise in die Vergangenheit zu den neuralgischen Punkten, an denen Neuerungen, Aufbrüche, geistige Horizonterweiterungen sich in Gärten gezeigt, manchmal sogar ereignet haben, lohnt sich nicht nur aus ästhetischer und historischer Neugier, nicht nur, weil sie Spaß macht, Überraschungen bereithält und viel über vergangene Epochen erzählt. Eine solche Reise kann idealerweise Mut machen und dazu inspirieren, in unserer Zeit und mit Blick auf die Zukunft buchstäblich andere Wege zu gehen – bei der Gestaltung freier oder brachliegender Flächen und im Umgang mit der Natur.

Paris hat sich in den vergangenen Jahrzehnten durch ökologischen Stadtumbau, die Begrünung von Stadtplätzen und früheren Verkehrsadern, die Schaffung anderer, grüner Räume verändert. Wie im 19. erhält die Stadt im 21. Jahrhundert ein neues Gesicht. Und wieder prägen Prinzipien den Stadtumbau mit, die in der Gartenkultur des Landes wurzeln. So wandelt sich Paris vor allem da, wo es grüner wird, gerade von einer Hauptstadt des 19. Jahrhunderts zu einer Metropole der Gegenwart.

Dank

Hanns Zischler und Stefan Hain verdanke ich entscheidende Hinweise zur Geschichte und zum Umbau von Paris und Susanne Schüssler, dem Team des Wagenbach Verlags, Christoph Baron und Beatrice Renauer, wieder einmal, dass aus einer Idee am Ende ein Buch geworden ist. Herzlich vielen Dank!

Hans v. Trotha, Berlin, Juni 2022

Literatur

Boucault, Fabrice/Vasseur, Jean-Marc: *Le parc Jean-Jacques Rousseau à Ermenonville*, Paris 2012.

Clément, Gilles: *Die Weisheit des Gärtners*, Berlin 2017.

Da Costa Meyer, Esther: *Dividing Paris. Urban Renewal and Social Inequality*, 1852–1870, Princeton/Oxford 2022.

De Ganay, Valentine/Lécuyer-Bibal, Béatrice: *Courances*, Champcueil 2011.

Flaubert, Gustave: *Bouvard und Pécuchet*, deutsch von Erich Marx, Zürich 1979.

Foucault, Michel, ›Andere Räume‹, in: Barck, Karlheinz u.a. (Hg.): *Aisthesis: Wahrnehmung heute oder Perspektiven einer anderen Ästhetik*, 4. Aufl., Leipzig 1992, S. 34–46.

Gerlach, Nina: *Gartenkunst im Spielfilm. Das Filmbild als Argument*, München/Paderborn 2012.

Herzog, Günter: *Hubert Robert und das Bild im Garten*, Worms 1989.

Jakob Ignaz Hittorff. Ein Architekt aus Köln im Paris des 19. Jahrhunderts, Ausstellungskatalog Wallraf-Richartz-Museum Köln 1987.

Jordan, David P.: *Die Neuerschaffung von Paris. Baron Haussmann und seine Stadt*, Frankfurt a. M. 1996.

Ketcham, Diana: *Le Désert de Retz. A Late Eighteenth-century French Folly Garden*, Cambridge, MA/London 1994.

Lamartine, Alphnonse de: *Worte an die Gärtner*, deutsch von Lislott Pfaff, in: Anne Marie Fröhlich (Hg.): *Gärten. Texte aus der Weltliteratur*, Zürich 1993, S.383–404.

Lampugnani, Vittorio Magnago: *Bedeutsame Belanglosigkeiten. Kleine Dinge im Stadtraum*, Berlin 2019.

Laugier, Marc-Antoine: *Essai sur lárchitecture*, Paris 1753.

Mitteilungen der Pückler-Gesellschaft, Bd. 22: *Die Gärten von Ermenonville*, Berlin 2007.

Nerval, Gérard de: *Sylvie. Erinnerungen ans Valois*, übersetzt von Burkhart Kroeber, Mainz 2016.

Orsenna, Érik: *Portrait eines glücklichen Menschen. Der Gärtner von Versailles. André Le Nôtre 1613–1700*, München 2001

Paris Romantique 1815–1848, Ausstellungskatalog, Les musées de la Ville de Paris, Paris 2019.

Pino, Pierre: *Atlas du Paris haussmannien. La ville en héritage du Second Empire à nos jours*, Paris 2016.

Pisani, Salvatore: *Architektenschmiede Paris. Die Karriere des Jakob Ignaz Hittorff*, Berlin/Boston 2021.

Proust, Marcel: *Auf der Suche nach der verlorenen Zeit*. Aus dem Französischen übersetzt von Eva Rechel-Mertens, revidiert von Luzius Keller, Frankfurt a. M. 2017.

Raczymow, Henri: *À la recherche du Paris de Marcel Proust*, Paris 2021.

Rumpfhuber, Andreas (Ed.): *Into the Grand Wide Open*, Barcelona 2018.

Saury, Jean-Louis: *Le Désert de Retz. Jardin des Lumières*, Chambourcy 2016.

Scheffler, Karl: *Paris: Notizen*, 2. Aufl., Leipzig 1925.

Schweizer, Stefan: *André Le Nôtre und die Erfindung der französischen Gartenkunst*, Berlin 2013.

Scurr, Ruth: *Napoleon. A Life Told in Gardens and Shadows*, London 2021.

Walpole, Horace: *Über die englische Gartenkunst*. Übersetzt von A.W. Schlegel, hg. von Frank Maier-Solgk, Heidelberg 1994.

Zitatnachweise

S. 8 zit. Scurr S. 97; zit. Herzog S. 67; S. 12 Walpole S. 38; S. 17 da Costa Meyer S. 323, S. 7, S. 32; S. 22 Laugier S. 259 f; S. 25 zit. da Costa Meyer S. 101; Scheffler S. 42; S. 26 Scheffler S. 43; S. 27 Scheffler S. 54; da Costa Meyer S. 276 f, S. 276; S. 28 da Costa Meyer S. 32; Jordan S. 191; S. 30 zit. ebd. S. 296; S. 31 Lampugnani S. 11 f; S. 31 da Costa Meyer S. 260; S. 34 Proust S. 699; S. 35 ebd. S. 601 f; S. 36 ebd. S. 615 f; S. 37 ebd S. 128, S. 168; S. 38 3bd. S. 554, S. 553 f; S. 39 ebd. S. 570; zit. Hittorff S. 180; S. 42 Scurr S. 30; S. 49 da Costa Meyer S. 277; S. 50 zi. Jordan S. 281; S. 51 zit. Scheffler S. 253, zit. Schweizer S. 130 f; S. 60 Schweizer S. 50, zit. Schweizer S. 24; S. 66 ebd. S. 57; S. 67 zit. Orsenna S. 78; S. 68 zit. ebd. S. 71 f; S. 79 Gerlach S. 155; S. 81 ebd. S. 418; S. 117 zit. Scurr S. 106; S. 121 Nerval S. 104; S. 122 ebd. S. 102 f, S. 101, S. 105; S. 115 Boucault/ Vasseur S. 23; S. 123 ebd. S. 67 f; S. 124 ebd. S. 19; S. 145 zit. Scurr S. 162; S. 146 Nerval S. 7 f; S. 147 Nerval S. 389 f; ebd. S. 391; S. 154 Flaubert S. 57, S. 59; S. 155 Foucault S. 38 f, S. 42, S. 43; S. 159 Clément S. 69; S. 160 ebd. S. 39, S. 59, S. 70 f, S. 55.

Übersetzungen durch den Autor.

Bildnachweise

S. 4: Metropolitan Museum, New York; S. 6: Château de Compiègne ; S. 33: Pinon, Atlas du Paris Haussmannien, S. 127, © BHVP, Cliché Lyris ; S. 33: Adolphe Alphand, *Les Promenades de Paris 1867–1873;* S. 44: Gabriel Thouin: *Plans raisonnés de toutes les espèces de jardins,* 1820, Tafel 37 ; S. 55: *La théorie et la pratique du jardinage, ou l'on traite a fond des beaux jardins apellés communément les jardins de plaisance et de propreté, composés de parterres, de bosquets …* Nouvelle ed. Paris: Mariette, 1709, 1713, 1747; S. 84: Georges Le Rouge, *Jardins anglo-chinois, Cahier XIII,* Paris 1785; S. 88: Georges Le Rouge, Jardins anglo-chinois, Cahier XIII, Paris 1785; S. 95: Georges Le Rouge, *Jardins anglo-chinois, Cahier XIII,* Paris 1785; S. 100: akg-images/Denise Bellon; S. 108: Antiqua Print Gallery/Alamy Stock Foto; S. 113: Bibliothèque nationale de France; S. 118: Château de Compiègne; S. 136: © Sir Gawain/Wikimedia Commons; S. 143: Château de Fontainebleau; S. 152: https://giverny.org/gardens/fcm/planjard.htm; S. 158: https://de.map-of-paris.com/parks---gärten-karten/der-parc-andré-citroën-landkarte

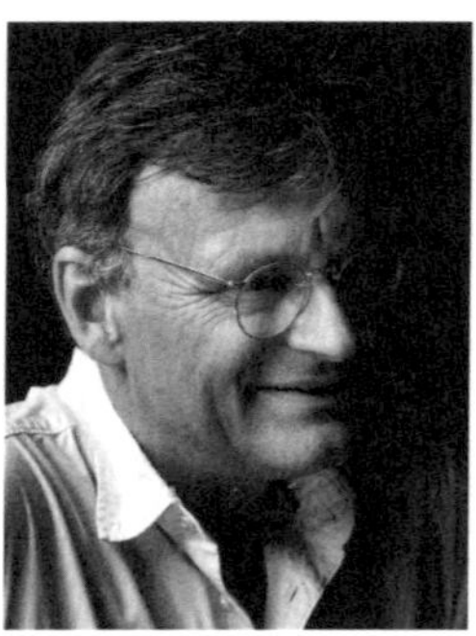

Hans von Trotha hat Literatur, Philosophie und Geschichte studiert, über das Wechselverhältnis von Philosophie, Literatur und Gartenkunst promoviert, zehn Jahre lang einen Verlag geleitet und anschließend die Berlinale beraten. Er lebt nun als Publizist, Kurator und Kulturjournalist in Berlin. Sein Buch *Der Englische Garten* ist ein Klassiker.

Hans von Trotha bei Wagenbach

Der Englische Garten

Eine Reise durch seine Geschichte

Hans von Trotha führt uns durch die Geschichte des Englischen Gartens, eine Geschichte der Befreiung, und er zeigt uns die zwölf schönsten Parks. Ein »Reiselesebuch« für zuhause und unterwegs.

SVLTO. Rotes Leinen. Fadengeheftet
144 Seiten mit vielen Abbildungen und einer Karte

A Sentimental Journey

Laurence Sterne in Shandy Hall

Ein Gentleman, ein Buch, eine Reise … Der Englandkenner Hans von Trotha entführt ins 18. Jahrhundert, als die Perücken gelüftet und die Krägen gelockert werden durften, als man empfindsame Briefe schrieb und ebensolche Romane.

SVLTO. Rotes Leinen. Fadengeheftet. 144 Seiten mit Abbildungen

Pollaks Arm

Roman

Einfühlsam und kenntnisreich: Hans von Trotha lässt den begnadeten Antikenhändler, angesehenen Kunstkenner und zunehmend unerwünschten Juden Ludwig Pollak seine Lebensgeschichte erzählen.

SVLTO. Rotes Leinen. Fadengeheftet. 144 Seiten

Der französische Garten erschien im Herbst 2022
als 274. *SVLTO*.

Emser Straße 40/41, 10719 Berlin
www.wagenbach.de

Covergestaltung Julie August unter Verwendung eines Gemäldes von Hubert Robert: Das Grab Jean-Jacques Rousseau in Ermenonville, 1802 (Öl/Lw), Photo © Christie's Images/Bridgeman Images Gesetzt aus der Aldus. Leinen von Gebr. Schabert, Strullendorf. Vorsatzmaterial von peyer graphic GmbH, Leonberg. Gedruckt bei Memminger MedienCentrum AG, Memmingen und gebunden bei Conzella Verlagsbuchbinderei, Aschheim. Printed in Germany.

ISBN 978 3 8031 1373 3

9 783803 113733